A ARTE DA GUERRA

Título original: *The Art of War*

A arte da guerra
1ª edição: Agosto 2022

Autor:
Sun Tzu

Tradução:
Marcia Men

Preparação de texto:
3GB Consulting

Revisão:
Patricia Alves Santana
Rebeca Michelotti

Projeto gráfico:
Anna Yue

Capa:
Dimitry Uziel

DADOS INTERNACIONAIS DE CATALOGAÇÃO NA PUBLICAÇÃO (CIP)

Sun Tzu, séc. VI A.C.
A arte da guerra / Sun Tzu ; tradução de Marcia Men — Porto Alegre : Citadel, 2022.

256 p.

ISBN: 978-65-5047-164-4

Título original: The Art of War

1. Ciência militar - Obras anteriores a 1800 2. Estratégia
I. Título II. Men, Marcia

22-3250 CDD - 355

Angélica Ilacqua - Bibliotecária - CRB-8/7057

Produção editorial e distribuição:

contato@citadel.com.br
www.citadeleditora.com.br

SUN TZU

A ARTE DA GUERRA

Tradução:
Marcia Men

2022

SUMÁRIO

PREFÁCIO

POR LIONEL GILES

O sétimo volume de *Mémoires concernant l'histoire, les sciences, les arts, les mœurs, les usages, &c., des Chinois* é devotado à Arte da Guerra e contém, entre outros tratados, "Les Treize Articles de Sun-tse", traduzido do chinês por um padre jesuíta, Joseph Amiot. Père Amiot parece ter gozado de considerável reputação como sinólogo no seu tempo, e seu campo de trabalho era, com certeza, extenso. Mas sua assim chamada tradução de Sun Tzu, se colocada lado a lado com o texto original, é vista imediatamente sendo um pouco melhor que um embuste. Ela contém uma boa quantidade de coisas que Sun Tzu não escreveu e muito pouco do que ele realmente escreveu. Aqui está um belo exemplo, tirado das frases de abertura do capítulo 5:

> *De l'habileté dans le gouvernement des Troupes.*
>
> Sun-tse dit: Ayez les noms de tous les Officiers tant généraux que subalternes; inscrivez-les dans un catalogue à part, avec la note des talents & de la capacité de chacun

> d'eux, afin de pouvoir les employer avec avantage lorsque l'occasion en sera venue. Faites en sorte que tous ceux que vous devez commander soient persuadés que votre principale attention est de les préserver de tout dommage. Les troupes que vous ferez avancer contre l'ennemi doivent être comme des pierres que vous lanceriez contre des œufs. De vous à l'ennemi il ne doit y avoir d'autre différence que celle du fort au faible, du vide au plein. Attaquez à découvert, mais soyez vainqueur en secret. Voilà en peu de mots en quoi consiste l'habileté & toute la perfection même du gouvernement des troupes.[1]

Ao longo do século 19, que viu um maravilhoso desenvolvimento no estudo da literatura chinesa, ninguém se aventurou a traduzir Sun Tzu, apesar de seu trabalho ser reconhecido na China como o melhor e mais completo compêndio em ciência militar. Só no ano de 1905 que a

---

[1] *Sobre a habilidade no comando de tropas.* Sun-tse disse: "Tenha os nomes de todos os oficiais, gerais e subordinados; anote-os em uma lista separada, dando nota ao talento e à capacidade de cada um deles, para que você possa usá-los com vantagem quando surgir a oportunidade. Certifique-se de que todos os que estão sob seu comando acreditem que sua principal preocupação é protegê-los de qualquer perigo. As tropas que você usa para avançar contra o inimigo devem ser como pedras rolando por cima de ovos. Entre você e o inimigo, não deve haver outra diferença do que forte para fraco, vazio para completo. Ataque abertamente, mas mantenha a vitória em segredo. Ou seja, nisso consistem a habilidade e toda a perfeição do comando das tropas". (N.T.)

primeira tradução em inglês, feita por E.F. Calthrop, capitão da frota real auxiliar, apareceu em Tóquio com o título *Sonshi* (a escrita japonesa de Sun Tzu). Infelizmente, ficou evidente que o conhecimento de língua chinesa do tradutor era insuficiente para qualificá-lo a compreender as muitas dificuldades de Sun Tzu. Ele mesmo abertamente reconhece que, sem a ajuda de dois cavalheiros japoneses, "a tradução a seguir teria sido impossível". Podemos apenas nos espantar, então, que, mesmo com a ajuda deles, tenha saído tão ruim. Não é meramente uma questão de simples tropeços, dos quais ninguém pode esperar estar totalmente isento. Omissões eram frequentes; passagens difíceis eram deliberadamente distorcidas ou atropeladas. Tais ofensas são menos perdoáveis. Elas não seriam toleradas em nenhuma edição de um clássico grego ou do latim, e um padrão similar de honestidade deve ser cobrado de uma tradução do chinês.

De imperfeições dessa natureza, pelo menos, acredito que a presente tradução está livre. Ela não foi realizada com base em nenhuma estimativa inflada de minhas próprias capacidades; mas não pude deixar de sentir que o livro de Sun Tzu merecia um destino melhor do que o que recaíra sobre ele, e eu sabia que, de forma alguma, não teria como deixar de melhorar o trabalho de meus predecessores. No final de 1908, uma edição nova e revisada da tradução do capitão Calthrop foi publicada em Londres; dessa vez, entretanto, sem nenhuma alusão a seus colaboradores japoneses. Meus primeiros três capítulos já estavam nas mãos da gráfica, portanto, as críticas ali contidas ao capitão Calthrop devem ser compreendidas como referindo-se a suas edições anteriores. Essa edição é, no geral, uma melhora em relação às outras, ainda que exista muita coisa que não se deva deixar passar. Por um lado, alguns dos erros mais grosseiros foram retificados e lacunas foram preenchidas, mas, por outro lado, apareceu certo número de novos erros. A primeira sentença da introdução é impressionantemente inexata; e mais adiante, embora seja feita uma menção a um "exército de comentaristas japoneses" (quem são eles, a propósito?) a respeito de Sun Tzu, nenhuma palavra é concedida sobre os comentaristas chineses, que me aventuro, ainda assim, a afirmar, formam um "exército" muito mais numeroso e infinitamente mais importante.

Algumas características especiais do presente volume podem agora ser notadas. Em primeiro lugar, o texto foi cortado em parágrafos numerados, para facilitar a referência cruzada e para conveniência dos estudantes em geral. A divisão segue, grosso modo, a edição de Sun Hsing-yen; mas achei às vezes necessário juntar dois ou mais de seus parágrafos em apenas um. Em citações de outros trabalhos, os escritores chineses raramente dão como referência mais do que apenas o título; por consequência, o ato de pesquisar fica seriamente dificultado. Com o objetivo de aliviar essas dificuldades no que diz respeito a Sun Tzu, anexei também uma concordância completa de caracteres chineses, seguindo o admirável exemplo de Legge, embora um arranjo por ordem alfabética tivesse sido preferível em vez da distribuição por radicais que ele adotou. Outra característica emprestada dos *Clássicos Chineses* é a impressão do texto, tradução e notas na mesma página; as notas, entretanto, são inseridas de acordo com o método chinês, imediatamente após a passagem à qual elas se referem. Da massa de comentários nativos, meu objetivo foi extrair apenas o melhor, adicionando o texto chinês aqui e ali quando ele parecia apresentar pontos de interesse literário. Apesar de constituir em si mesmo um importante ramo da literatura chinesa, pouquíssimos comentários desse tipo foram disponibilizados por meio de tradução.

Devo dizer em conclusão que, com a impressão de minhas folhas à medida que foram ficando prontas, o trabalho não teve o benefício de uma revisão final. Em uma revisão do todo, sem mudar o conteúdo de minhas críticas, talvez eu me visse inclinado a ser menos áspero em algumas ocasiões. Tendo optado por empunhar um porrete, contudo, não chorarei se em retorno receber mais do que uma palmada nas mãos. É verdade que já me empenhei para colocar uma espada nas mãos de oponentes futuros, dando escrupulosamente texto ou referência para cada passagem traduzida. Uma crítica mordaz, mesmo vindo da caneta do crítico de Xangai que despreza "meras traduções", não seria, confesso, de todo indesejada. Pois, afinal, o pior destino que devo temer é o mesmo que caiu sobre os engenhosos paradoxos de George em *O Vigário de Wakefield*.

INTRODUÇÃO

SUN WU E SEU LIVRO

Ssu-ma Ch'ien dá a seguinte biografia de Sun Tzu:[1]

Sun Tzu Wu foi um nativo do estado de Ch'i. Seu livro *A Arte da Guerra* o levou ao conhecimento de Ho Lu,[2] rei de Wu. Ho Lu disse a ele:

— Li cuidadosamente treze capítulos. Posso submeter sua teoria em gestão de soldados a um pequeno teste?

— Pode — respondeu Sun Tzu.

— O teste pode ser aplicado em mulheres? — Ho Lu perguntou.

A resposta foi novamente afirmativa, então arranjos foram feitos para trazer 180 garotas para fora do palácio. Sun Tzu as dividiu em dois pelotões e colocou uma das

---

1 *Shih Chi*, capítulo 65.

2 Ele reinou entre 514 e 496 a.C.

concubinas favoritas do rei na frente de cada um. Ele então ordenou a todas que pegassem lanças nas mãos.

— Presumo que vocês saibam a diferença entre frente e trás, mão direita e esquerda? — perguntou-lhes.

— Sabemos — responderam.

— Quando eu disser *olhos à frente*, vocês devem olhar diretamente para a frente. Quando disser *esquerda, volver*, vocês devem se voltar na direção da sua mão esquerda. Quando disser *direita, volver*, vocês devem se voltar na direção da sua mão direita. Quando disser *meia-volta*, vocês devem girar na direção onde antes estavam suas costas.

Novamente, as garotas assentiram. Explicadas as palavras de comando, ele posicionou as alabardas e os machados de guerra para que pudessem começar o treino. Então, ao som de tambores, ordenou "direita, volver". Mas as garotas apenas tiveram uma crise de riso.

— Se palavras de comando não são claras e distintas, se ordens não são totalmente entendidas, então a culpa é do general — disse Sun Tzu.

Então, ele começou a treiná-las novamente; dessa vez, deu a ordem "esquerda, volver"; mais uma vez, as garotas tiveram uma crise de risos.

— Se palavras de comando não são claras e distintas, se ordens não são totalmente entendidas, então o general é o culpado. Mas se suas ordens *são claras* e mesmo assim os soldados desobedecem, então a culpa é de seus oficiais — disse Sun Tzu.

Dizendo isso, ele ordenou que as duas líderes do pelotão fossem decapitadas. O rei de Wu assistia à cena do topo de um pavilhão elevado e, quando viu que suas duas concubinas favoritas estavam prestes a ser executadas, alarmou-se e apressadamente mandou a seguinte mensagem: "Estamos agora bastante satisfeitos com as habilidades de nosso general em comandar as tropas. Se formos privados dessas duas concubinas, nossa carne e nossa bebida perderão seu sabor. É nosso desejo que elas não sejam decapitadas".

— Uma vez tendo recebido de Vossa Majestade a incumbência de ser general de suas forças, há certas ordens de Vossa Majestade as quais, na qualidade de general, não posso obedecer — disse Sun Tzu.

Portanto, ele decapitou as duas líderes e imediatamente nomeou as próximas da fila como líderes no lugar delas. Isso feito, mais uma vez as baterias recomeçaram para o treino; e as garotas fizeram todas as evoluções, virando para a direita, para a esquerda, marchando para a frente ou retrocedendo, ajoelhando ou levantando, com exatidão e precisão, não arriscando produzir nenhum ruído. Então, Sun Tzu mandou um mensageiro para o rei dizendo: "Seus soldados, Senhor, estão agora treinados e disciplinados apropriadamente e prontos para a inspeção de Vossa Majestade. Eles podem ser colocados para qualquer uso que seu soberano desejar; ordene que atravessem fogo ou água, e não desobedecerão".

— Deixe que nosso general pare com o treinamento e volte para o acampamento. E quanto a nós, não temos desejo de descer e inspecionar as tropas — respondeu o rei.

— O rei gosta apenas de palavras e não consegue traduzi-las em ação — respondeu Sun Tzu de imediato.

Depois disso, Ho Lu viu que Sun Tzu sabia como lidar com um exército e finalmente o nomeou general. No oeste, ele derrotou o Estado Ch'u e abriu caminho à força até a capital Ying; ao norte, colocou medo nos Estados de Ch'u e Chin e espalhou sua fama entre os príncipes feudais. E Sun Tzu compartilhava do poder do rei.

Isso é tudo que Ssuma Ch'ien tem para nos dizer sobre a pessoa de Sun Tzu neste capítulo. Mas ele prossegue dando uma biografia de seu descendente, Sun Pin, nascido cerca de cem anos depois da morte de seu famoso ancestral, e que foi também um excepcional gênio militar de seu tempo. Os historiadores o chamam também de Sun Tzu, e em seu prefácio lemos: "Sun Tzu teve o pé decepado e ainda assim continuou a discutir a arte da guerra".[3] Parece provável, então, que *Pin* tenha sido um apelido dado a ele depois de sua

[3] *Shih Chi*, capítulo 130.

mutilação, a não ser que a história tenha sido inventada a fim de explicar o nome. O grande feito de sua carreira, a esmagadora derrota de seu traiçoeiro rival P'ang Chuan, será relatado brevemente no capítulo 5, parágrafo 19 – ver nota.

Voltando ao primeiro Sun Tzu. Ele é mencionado em outras duas passagens do *Shih Chi*:

> No terceiro ano de seu reinado [512 a.C.], Ho Lu, rei de Wu, foi a campo com Tzu-hsu [ou seja, Wu Yuan] e Po P'ei e atacou Ch'u. Ele capturou a cidade de Shu e matou os dois filhos do príncipe que haviam sido generais de Wu. Estava então considerando uma descida a Ying [a capital], mas o general Sun Wu disse: "O exército está exausto. Ainda não é possível. Devemos esperar" [...] [depois de mais lutas bem-sucedidas], no nono ano [506 a.C.], o rei Ho Lu se dirigiu a Wu Tzu-hsu e Sun Wu, dizendo: "Primeiro, você declarou que ainda não era possível, para nós, entrar em Ying. Agora é o momento apropriado?". Os dois homens responderam: "O general dos Ch'u, Tzu-ch'ang,[4] é ganancioso e cobiçoso, e ambos os príncipes de T'ang e Ts'ai têm uma rixa com ele. Se Vossa Majestade resolveu fazer um grande ataque, deve ganhar a confiança de T'ang e Ts'ai, e então será bem-

[4] A apelação de Nang Wa.

-sucedido". Ho Lu seguiu esse conselho [venceu Ch'u em cinco batalhas campais e adentrou Ying].[5]

Essa é a última data em que alguma coisa foi registrada sobre Sun Wu. Ele não parece ter sobrevivido a seu patrono, que morreu dos efeitos de um ferimento em 496. Em outro capítulo, ocorre esta passagem:[6]

> Desse momento em diante, surgiram vários soldados famosos, um após o outro: Kao-fan,[7] que trabalhava para o Estado Chin; Wang-tzu,[8] a serviço de Ch'i; e Sun Wu, a serviço de Wu. Esses homens desenvolveram e lançaram luz sobre os princípios da guerra.

É óbvio que Ssu-ma Ch'ien pelo menos não tinha dúvidas sobre a realidade de Sun Wu como personagem histórico; e com uma exceção, a ser notada em breve, ele é de longe a autoridade mais importante no período em questão. Não será necessário, portanto, falar muito de uma obra como *Wu Yueh Ch'un Ch'iu*, que supostamente foi escrita por Chao Yeh no século I d.C. A atribuição é um tanto duvidosa; mesmo que fosse de outra forma, seu relato teria pouco

---

5 *Shih Chi*, capítulo 31.

6 *Shih Chi*, capítulo 25.

7 Denominação de Hu Yen, mencionado no capítulo 39, sob o ano 637.

8 Wang-tzu Ch'eng-fu, capítulo 32, ano 607.

valor, já que é baseado no *Shih Chi* e expandido com detalhes românticos. A história de Sun Tzu será encontrada, se serve de ajuda, no capítulo 2. Os únicos pontos novos que vale a pena notar são: (1) Sun Tzu foi recomendado pela primeira vez a Ho Lu por Wu Tzu-hsu; (2) ele é chamado de nativo de Wu; (3) ele havia vivido anteriormente uma vida afastada do mundo, e seus contemporâneos não sabiam de sua habilidade.

A passagem seguinte foi tirada de um texto de Huai-nan Tzu: "Quando soberano e ministros mostram perversão mental, fica impossível até mesmo para um Sun Tzu encontrar o inimigo". Presumindo que essa obra seja genuína (e até o momento nenhuma dúvida foi lançada sobre ela), temos aqui a mais antiga referência a Sun Tzu, pois Huai-nan Tzu morreu em 122 a.C., muitos anos antes de o *Shih Chi* ser dado ao mundo.

— O motivo pelo qual Sun Tzu, à frente de trinta mil homens, venceu os duzentos mil homens de Ch'u é que os últimos eram indisciplinados — disse Liu Hsiang (80-9 a.C.).

Teng Ming-shih nos informa que o sobrenome *Sun* foi dado ao avô de Sun Wu pelo duque Ching de Ch'i (547-490 a.C.). Sun P'ing, pai de Sun Wu, ascendeu a ministro de Estado em Ch'i, e o próprio Sun Wu, cujo estilo era Ch'ang-ch'ing, fugiu para Wu por causa da rebelião que estava sendo fomentada pelos parentes de T'ien Pao. Ele tinha três filhos, dos quais o segundo, chamado Ming, era o pai de Sun Pin. Portanto, de acordo com essa história, Pin era neto de Wu, o que, dada a vitória de Sun Pin sobre Wei conquistada em 341 a.C., pode ser considerado cronologicamente impossível.[9] Onde Teng Ming-shih obteve essas datas, não sei, mas é claro que nenhuma confiança pode ser depositada nelas.

Um documento interessante que sobreviveu ao fim do período Han, que transcreverei agora por completo, é o curto prefácio escrito pelo grande Ts'ao Ts'ao, ou Wei Wu Ti, para sua edição de Sun Tzu:

> Ouvi falar que os antigos usavam arco e flechas para sua vantagem.[10] O *Lun Yu* diz: "Deve haver força militar suficiente". O *Shu Ching* menciona "o exército" dentre os "oito objetos de governo". O *I Ching* diz: "'exército' indica firmeza e justiça; o líder experiente terá boa sorte". O *Shih Ching* diz: "O rei levantou-se majestosamente em sua fúria e arregimentou suas tropas". O Imperador Amarelo, T'ang, o Completador e Wu Wang ambos usaram lanças e machados de batalha para socorrer sua geração. O *Ssu-ma Fa* diz: "Se um homem matar outro

---

[9] O engano é natural. Críticos nativos referem-se a um trabalho da dinastia Han que diz: A dez *li* de distância do portão Wu (da cidade de Wu, agora Soochow em Kiangsu) existe um grande monte, erguido pelo rei do Wu para comemorar o entretenimento de Sun Wu do Ch'i, que se destacou na arte da guerra.

[10] Eles colocam cordas na madeira para fazer arcos e afiam madeira para fazer flechas. O uso de arco e flecha é para manter o império temeroso.

de caso pensado, ele mesmo deve ser merecidamente morto". Aquele que depende tão somente de medidas belicosas deve ser exterminado; aquele que depende tão somente de medidas pacíficas deve perecer. Exemplos desses casos são Fu Ch'ai[11] de um lado e Yen Wang do outro.[12] Nos assuntos militares, a regra do sábio é geralmente manter a paz e mover suas tropas somente quando necessário. Ele não usará força armada a não ser que seja levado a isso pela necessidade.

Já li muitos livros sobre o assunto guerra e batalhas; mas o trabalho composto por Sun Wu é o mais profundo de todos. (Sun Tzu foi um nativo do estado de Ch'i, seu nome pessoal era Wu. Ele escreveu *A Arte da Guerra* em treze capítulos para Ho Lu, rei de Wu. Seus princípios foram testados em mulheres, e ele foi subsequentemente nomeado general. Liderou um exército para o oeste, esmagou o estado de Ch'u e invadiu a capital, Ying. No norte, maravilhou Ch'i e Chin. Mais de cem anos após seu tempo, viveu Sun Pin. Ele era um descendente de Wu.)[13] Em seu tratado sobre deliberação e planejamen-

---

[11] O filho do sucessor do Ho Lu. Ele foi finalmente derrotado e destronado por Kou Chien, rei de Yueh, em 473 a.C. Veja posterior.

[12] Filho de Yen de Hsu, um ser fabuloso, de quem Sun Hsing-yen fala em seu prefácio: sua humanidade o destruiu.

[13] A passagem que coloquei entre parênteses é omitida no *T'u Shu*, e pode ser uma interpolação. Era conhecida, no entanto, por Chang Shou-chieh, da dinastia T'ang, e aparece no *T'ai P'ing Yu Lan*.

to, a importância da velocidade ao tomar o campo de batalha,[14] clareza de concepção e profundidade de projeto, Sun Tzu se mantém além do alcance das críticas desqualificadas. Meus contemporâneos, entretanto, falharam em compreender plenamente o significado de suas instruções e, embora colocassem em prática os menores detalhes, os quais abundam em sua obra, negligenciaram sua essência. Esse é o motivo que me levou a fazer um rascunho de uma explicação geral do total.

Uma coisa a ser observada no texto anterior é a afirmação explícita de que os treze capítulos foram especialmente escritos para o rei Ho Lu. Isso é corroborado pela evidência interna do capítulo um, parágrafo 15, no qual parece claro que a algum governante é endereçado.

Na seção bibliográfica de *Han Shu*, existe uma entrada que deu origem a muita discussão: "As obras de Sun Tzu do Wu em 82 *p'ien* (ou capítulos), com diagramas em 9 *chuan*". É evidente que esses não podem ser apenas os treze capítulos conhecidos de Ssu-ma Ch'ien, ou os que temos hoje. Chang Shou-chieh refere-se a uma edição de *A arte da guerra* de Sun Tzu na qual os "treze capítulos" formam o primeiro *chuan*, acrescentando que ainda havia mais dois *chuan*. Isso gerou uma teoria de que o grosso desses 82

---

[14] Ts'ao Kung parece pensar assim na primeira parte do capítulo 2, talvez especialmente no parágrafo 8.

capítulos consistiria em outros escritos de Sun Tzu — devemos chamá-los de apócrifos — similares ao *Wen Ta*, o qual tem um exemplar tratando das Nove Situações[15] preservado em *T'ung Tien*, e outro nos comentários de Ho Shin. É sugerido que, antes de sua audiência com Ho Lu, Sun Tzu tivesse escrito apenas os treze capítulos, mas depois compôs algo como uma exegese em forma de pergunta e resposta entre ele e o rei. Pi I-hsun, o autor de *Sun Tzu Hsu Lu*, sustenta essa teoria com uma citação de *Wu Yueh Ch'un Ch'iu*: "O rei de Wu convocou Sun Tzu e lhe fez perguntas sobre a arte da guerra. Cada vez que ele apresentava um capítulo de seu trabalho, o rei não encontrava palavras suficientes para enaltecê-lo". Como ele aponta, se a obra toda foi explicada na mesma escala dos fragmentos anteriormente mencionados, o número total de capítulos pode ter sido realmente considerável. Então os inúmeros outros tratados atribuídos a Sun Tzu podem estar incluídos. O fato de *Han Chih* não mencionar nenhum trabalho de Sun Tzu além dos 82 *p'ien*, ao passo que as bibliografias de Sui e T'ang dão os títulos de outros em adição aos "treze capítulos", é uma boa prova, Pi I-hsun pensa, de que todos eles estavam contidos nos 82 *p'ien*. Sem depositar nossa fé na precisão dos detalhes fornecidos por *Wu Yueh Ch'un Ch'iu*, nem presumir a autenticidade de qualquer um dos tratados citados por Pi I-hsun, podemos ver nessa teoria uma provável solução ao mistério.

---

15 Veja capítulo 11.

Entre Ssu-ma Ch'ien e Pan Ku, houve tempo de sobra para uma safra luxuriante de falsificações crescer sob o nome mágico de Sun Tzu, e os 82 *p'ien* podem muito bem representar uma coleção dessas falsificações agrupadas com o trabalho original. É também possível, apesar de menos provável, que algumas delas existissem nos tempos de historiadores antigos e fossem ignoradas de propósito por eles.[16]

As conjecturas de Tu Mu parecem ser baseadas em uma passagem que afirma: "Wei Wu Ti compilou *A Arte da Guerra* de Sun Wu", que por sua vez pode ter resultado de um mal-entendido das palavras finais do prefácio do rei Ts'ao. Isso, como Sun Hsing-yen aponta, é apenas um jeito modesto de dizer que ele fez uma paráfrase explicativa, ou, em outras palavras, escreveu um comentário nele. No geral, essa teoria teve pouca aceitação. Assim, o *Ssu K'u Ch'uan Shu* diz: "A menção aos treze capítulos no *Shih Chi* mostra que eles existiam antes do *Han Chih* e que acréscimos posteriores não devem ser considerados parte da obra original. A afirmação de Tu Mu certamente não pode ser tomada como prova".

Existe toda razão para se supor, então, que os treze capítulos existiam no tempo de Ssu-ma Ch'ien praticamente

---

[16] No entanto, é notável que *Wu Tzu*, que não está em seis capítulos, tem 48 atribuídos a ele no *Han Chih*. Da mesma forma, o *Chung Yung* é creditado com 49 capítulos, embora agora apenas em um. No caso de trabalhos muito curtos, é tentador pensar que p'ien pode simplesmente significar "folhas".

como os temos agora. Que a obra era então reconhecida ele nos diz claramente. "Os *treze capítulos* de Sun Tzu e *Arte da Guerra* de Wu Ch'i são dois livros que as pessoas comumente usam como referência em se tratando de assuntos militares. Ambos são amplamente distribuídos, então não os discutirei aqui". Mas conforme recuamos mais, dificuldades sérias começam a aparecer. O fato saliente que deve ser encarado é que o *Tso Chuan*, o maior registro contemporâneo, não faz menção nenhuma a Sun Wu, nem como general nem como escritor. É natural, em vista dessa circunstância constrangedora, que muitos estudiosos poderiam não só lançar dúvidas sobre a história de Sun Wu como contada em *Shih Chi*, mas até mesmo se mostrar sinceramente céticos em relação à existência do homem. A apresentação mais poderosa desse lado do caso é encontrada na seguinte opinião de Yeh Shui-hsin:[17]

> É dito na história de Ssu-ma Ch'ien que Sun Wu era um nativo do estado de Ch'i e empregado por Wu; e no reinado de Ho Lu esmagou Ch'u, invadiu Ying e foi um grande general. Mas no Comentário de Tso, Sun Wu não aparece. É verdade que o Comentário de Tso não precisa conter tudo que outras histórias contêm. Mas Tso não se omitiu de mencionar simples plebeus e

---

[17] Yeh Shih da dinastia Sung (1151-1223).

rufiões de aluguel como Ying K'ao-shu,[18] Ts'ao Kuei,[19] Chu Chih-wu e Chuan She-chu.[20] No caso de Sun Wu, cuja fama e feitos eram brilhantes, a omissão é muito mais evidente. Novamente, detalhes são dados, em sua devida ordem, sobre seus contemporâneos Wu Yuan e o ministro P'ei.[21] É possível acreditar que apenas Sun Wu teria sido omitido?

Em questão de estilo literário, o trabalho de Sun Tzu pertence à mesma escola de *Kuan Tzu*,[22] *Liu Tao*[23] e de *Yueh Yu*[24] e pode ter sido produção de algum estudioso privado que viveu próximo ao final do período "Primaveras e Outonos" ou o começo do período de "Guerra entre Estados".[25] A história de que seus preceitos eram, na verdade, aplicados pelo Estado de Wu é meramente o resultado de bravata por parte de seus seguidores.

---

18 Ele não merece estar dentro dos mesmos parênteses que assassinos.

19 Veja capítulo 7, parágrafo 27, e capítulo 11, parágrafo 28.

20 Veja capítulo 11, parágrafo 28. Chuan Chu é a forma abreviada de seu nome.

21 Po P'ei, por exemplo. Veja anterior.

22 O núcleo de seu trabalho é provavelmente genuíno, mesmo que grandes adições tenham sido feitas por mãos posteriores. Kuan Chung morreu em 645 a.C.

23 Veja *infra*, começo da Introdução.

24 Não sei o que é esse trabalho, a não ser que seja o capítulo final de outro trabalho. Por que esse capítulo deva então ser destacado, no entanto, não está claro.

25 Aproximadamente 480 a.C.

Do próspero período da dinastia Chou[26] até o período "Primaveras e Outonos", todos os comandantes militares eram também homens de estado, e a classe dos generais profissionais para conduzir campanhas externas não existia até então. Até o período dos "Seis Estados",[27] esse costume não mudou. Agora, embora Wu fosse um estado incivilizado, é concebível que Tso fosse deixar sem registro o fato de que Sun Wu foi um grande general e ainda assim não exercia cargo civil? O que dizem, portanto, sobre Jang-chu[28] e Sun Wu não é material autêntico, mas descuidadas invenções de analistas teóricos. A história do experimento de Ho Lu nas mulheres, em particular, é profundamente ridícula e inacreditável.

Yeh Shiu-hsin representa Ssu-ma Ch'ien como tendo dito que Sun Wu esmagou o estado Ch'u e entrou em sua capital, Ying. Isso não está exatamente correto. Sem dúvida, a impressão deixada na mente do leitor é a de que ele, pelo menos, compartilhou desses feitos. O fato pode ou não ser significante; mas também não está dito de forma explícita em nenhum lugar no *Shih Chi* que Sun Tzu era

---

[26] Isto é, suponho eu, a idade de Wu Wang e Chou Kung.

[27] No terceiro século a.C.

[28] Ssu-ma Jang-chu, cujo nome da família era T'ien, viveu na última metade do século 6 a.C., e acredita-se que também escreveu um trabalho sobre guerra. Veja *Shih Chi*, capítulo 64, e *infra* no início da introdução.

o general na ocasião da tomada da capital, Ying, ou se ele esteve lá. Além disso, como sabemos que ambos Wu Yuan e Po P'ei tomaram parte na incursão, e também que seu sucesso se deveu muito ao arrojo e à iniciativa de Fu Kai, o irmão mais novo de Ho Lu, não é fácil ver como mais um general ainda assim poderia ter participação significativa na mesma campanha.

Ch'en Chen-sun, da dinastia Sung, fez esta anotação:

> Escritores militares veem Sun Wu como o pai da sua arte. Mas o fato de ele não aparecer no *Tso Chuan*, embora seja dito que ele serviu ao rei Ho Lu, do estado Wu, torna incerto a que período ele realmente pertenceu.

Ele também diz:

> Os trabalhos de Sun Wu e Wu Ch'i podem ser muito antigos.

É notável que ambos, Yeh Shiu-hsin e Ch'en Chen-sun, embora rejeitem a personalidade de Sun Wu como ela aparece na história de Ssu-ma Ch'ien, estejam inclinados a aceitar a data tradicionalmente dada à obra sob seu nome. O autor do *Hsu Lu* falha em apreciar essa distinção, e consequentemente seu ataque amargo a Ch'en Chen-sun erra o alvo. Ele está certo em uma coisa, entretanto, o que certamente conta a favor da alta antiguidade dos nossos "treze capítulos". "Sun Tzu", diz ele, "deve ter vivido no mesmo período de Ching Wang [519-476], porque é frequentemente plagiado em subsequentes obras das dinastias Chou, Ch'in e Han". Os dois criminosos mais desavergonhados nesse aspecto são Wu Ch'i e Huai-nan Tzu, ambos personagens históricos importantes de sua época. O primeiro viveu apenas uma centena de anos após o período em que supostamente viveu Sun Tzu, e sabe-se que sua morte aconteceu em 381 a.C. Foi para ele, de acordo com Liu Hsiang, que Tseng Shen entregou o *Tso Chuan*, que lhe havia sido confiado por seu autor.[29] Agora, o fato de que citações de *A Arte da Guerra*, reconhecidas ou não, são encontradas em tantos autores de diferentes épocas estabelece um forte argumento de que *A Arte da Guerra* é anterior a todos eles; em outras palavras, que o tratado de Sun Tzu já existia no final do século 5 a.C. Outra prova da antiguidade do trabalho de Sun Tzu é fornecida pelos significados arcaicos ou totalmente obsoletos atrelados a um grande número de palavras que ele usa. Uma lista dessas palavras, que pode talvez ser estendida, é dada por *Hsu Lu*; e, apesar de algumas das interpretações serem duvidosas, o argumento principal raramente é prejudicado. Novamente, não se deve esquecer que Yeh Shui-hsin, um estudioso e crítico de primeira linha, deliberadamente declara

---

[29] Veja Clássicos da Legge, Volume 5, Prolegomena, página 27. Legge acha que o *Tso Chuan* deve ter sido escrito no século 5, mas não antes de 424 a.C.

o estilo dos treze capítulos como pertencente à parte inicial do século 5. Tendo em vista que ele está empenhado em tentar refutar a existência de Sun Tzu, podemos ter certeza de que não teria hesitado em atribuir o trabalho a um período posterior caso não acreditasse honestamente no contrário. E é precisamente num ponto assim que o julgamento de um chinês culto teria mais peso. Não é necessário procurar muito longe por outras evidências internas. Assim, no capítulo 13, primeiro parágrafo, há uma inconfundível alusão a um antigo sistema de posse de terras que já havia mudado nos tempos de Mêncio, que estava ansioso para vê-lo revivido de uma forma modificada.[30] A única guerra que Sun Tzu conhece é aquela travada entre vários príncipes feudais, na qual carruagens reforçadas têm grande participação. Seu uso parece ter parado completamente antes do fim da dinastia Chou. Ele fala como um homem de Wu, um estado que deixou de existir antes de 473 a.C. Falarei sobre isso em breve.

Mas, uma vez que se refira a *A Arte da Guerra* como uma obra do século 5 ou anterior, as chances de que seja qualquer outra coisa além de uma produção legítima se reduzem consideravelmente. A grande era das falsificações aconteceu em um período muito posterior. Que *A Arte da Guerra* tenha sido falsificada no período imediatamente posterior a 473 a.C. é bastante improvável, pois, via de regra, ninguém se apressa a se identificar com uma causa per-

---

[30] Veja *Mêncio* III. 1.iii. 13-20.

dida. Quanto à teoria de Yeh Shui-hsin de que o autor era um escritor recluso, parece para mim algo meio insustentável. Se uma coisa fica clara depois de ler as máximas de Sun Tzu, é que sua essência foi destilada por meio de grande quantidade de observações e experiências pessoais. Elas refletem a mente não só de um estrategista nato, dotado de rara capacidade de generalização, mas também a de um soldado prático, bastante familiarizado com as condições militares de seu tempo. Sem falar no fato de que esses ditos foram aceitos e endossados por todos os grandes capitães chineses da história chinesa, elas oferecem uma combinação de frescor e sinceridade, sagacidade e senso comum, que basicamente exclui a ideia de que elas foram compiladas artificialmente. Se admitirmos, então, que os treze capítulos foram a produção genuína de um militar que viveu próximo ao fim do período *Ch'un Ch'iu*, não estamos obrigados, apesar da falta de menções no *Tso Chuan*, a aceitar os relatos de Ssu-ma Ch'ien em sua totalidade? Em vista de sua grande reputação de historiador sério, não devemos hesitar em supor que os registros que escreveu sobre a biografia de Sun Wu eram falsos e não confiáveis? A resposta, temo eu, deve ser negativa. Existe ainda uma objeção grave, se não fatal, à cronologia envolvida na história como contada no *Shih Chi*, que, até onde sei, ninguém apontou ainda. Existem duas passagens em Sun Tzu em que ele alude a assuntos contemporâneos. A primeira ocorre no capítulo 6, parágrafo 21:

> Embora, de acordo com minha estimativa, os soldados de Yueh excedam em número os nossos, isso não os beneficiará em nada na questão de vitória. Digo então que a vitória pode ser alcançada.

A outra, no capítulo 11, parágrafo 30:

> Perguntado se um exército pode ser feito para imitar a serpente de shuai-jan, devo responder que sim. Pois os homens de Wu e os homens de Yueh são inimigos; ainda assim, se eles estiverem atravessando o rio no mesmo barco e forem pegos em uma tempestade, ajudarão uns aos outros assim como a mão esquerda ajuda a mão direita.

Esses dois parágrafos são extremamente valiosos como evidência da data de composição. Eles atribuem o parágrafo ao período de conflito entre os estados de Wu e Yueh. Isso foi observado por Pi I-hsun. Mas o que tem até então escapado à atenção é que eles também comprometem seriamente a credibilidade da narrativa de Ssu-ma Ch'ien. Como mostram os excertos, a primeira data positiva dada em conexão com Sun Wu é 512 a.C. Ele é então tratado como general, atuando como conselheiro e confidente de Ho Lu, de modo que sua suposta apresentação àquele monarca já havia ocorrido, e, claro, os treze capítulos devem ter sido escritos ainda antes. Mas naquele tempo, e por muitos anos depois, até a captura da capital Ying, em 506, era Ch'u, e não Yueh, o grande inimigo hereditário de Wu. Os dois estados, Ch'u e Wu, vinham em constante conflito por mais de meio século,[31] considerando que a primeira guerra entre Wu e Yueh foi travada apenas em 510,[32] e mesmo então não foi nada além de um breve interlúdio entre o acirrado conflito com Ch'u. Mas Ch'u não é mencionado nos treze capítulos nenhuma vez. A inferência natural é que eles foram escritos em uma época em que Yueh se tornara o principal antagonista de Wu, ou seja, após Ch'u ter sofrido a grande humilhação de 506. Nesse ponto, uma tabela de datas pode scr útil.

a.C.	
514	Ascensão de Ho Lu.
512	Ho Lu ataca o estado de Ch'u, mas é dissuadido de invadir a capital, Ying. *Shih Chi* menciona Sun Wu como general.
511	Outro ataque a Ch'u.
510	Wu faz um ataque bem-sucedido a Yueh. Essa é a primeira guerra entre os dois estados.
509 ou 508	Ch'u invade Wu, mas é notavelmente derrotado em Yu-chang.

[31] A primeira vez que Wu aparece no *Ch'un Ch'iu*, em 584, já está em desacordo com seu poderoso vizinho. O *Ch'un Ch'iu* menciona pela primeira vez Yueh em 537; o *Tso Chuan*, em 601.

[32] Isso é dito explicitamente em *Tso Chuan*, XXXII, 2.

a.C.	
506	Ho Lu ataca Ch'u com a ajuda de T'ang e Ts'ai. A decisiva batalha de Po-chu e a captura da capital, Ying. Última menção de Sun Wu no *Shih Chi*.
505	Yueh faz um ataque a Wu na ausência de seu exército. Wu é derrotado por Ch'in e evacua a capital, Ying.
504	Ho Lu manda Fu Ch'ai para atacar Ch'u.
497	Kou Chien se torna rei de Yueh.
496	Wu ataca Yueh, mas é derrotado por Kou Chien em Tsui-li. Ho Lu é morto.
494	Fu Ch'ai derrota Kou Chien na grande batalha de Fu-chaio e adentra a capital de Yueh.
485 ou 484	Kou Chien presta homenagens a Wu. Morte de Wu Tzu-hsu.
482	Kou Chien invade Wu na ausência de Fu Ch'ai.
478 até 476	Outros ataques de Yueh a Wu.
475	Kou Chien começa o cerco à capital de Wu.
473	Última derrota e extinção de Wu.

A sentença citada anteriormente do capítulo 6, parágrafo 21, não me parece uma que poderia ter sido escrita no afã da vitória. Parece mais implicar que, pelo menos naquele momento, a maré havia virado contra Wu, e que este estava levando a pior no conflito. Daí podemos concluir que nosso tratado não existia em 505; antes dessa data, Yueh não parece ter conquistado nenhum sucesso notável contra Wu. Ho Lu morreu em 496, então, se o livro foi escrito para ele, isso deve ter acontecido entre 505 e 496, quando houve uma pausa nas hostilidades, estando Wu presumivelmente exausto por seu esforço supremo contra Ch'u. No entanto, se escolhermos desconsiderar a tradição conectando o nome de Sun Wu com Ho Lu, o trabalho pode muito bem ter visto a luz entre 496 e 494, ou possivelmente entre os anos 482 e 473, quando Yueh se tornava novamente uma grave ameaça.[33] Podemos estar muito certos de que o autor, seja lá quem ele tenha sido, não foi um homem de grande eminência em sua própria época. Nesse ponto, o testemunho negativo de *Tso Chuan* supera em muito qualquer fragmento de autoridade ainda ligado ao *Shih Chi*, se uma vez seus outros fatos forem desacreditados. Sun Hsing-yen, entretanto, faz uma frágil tentativa de explicar a omissão do nome de Sun Wu do grande comentário. Foi Wu Tzu-hsu, ele diz, que levou todo o crédito pelos feitos de Sun Wu, porque este último (sendo um estrangeiro) não foi recompensado com um cargo no estado.

Então, como se originou a lenda de Sun Tzu? Pode ser que a crescente fama do livro tenha transmitido em certo grau algum tipo de renome factível a seu autor. Sentiu-se que era certo e apropriado que alguém tão versado na ciência da guerra também tivesse conquistas sólidas em seu

---

[33] Há isto a ser dito do período posterior, que a rivalidade tenderia a ficar mais amarga a cada encontro, e assim fica mais justificada a linguagem usada em XI. Parágrafo 30.

nome. Agora, a invasão da capital, Ying, foi, sem dúvida, o maior feito do exército sob o reinado de Ho Lu; deixou uma impressão profunda e duradoura em todos os estados a sua volta e levou Wu ao curto zênite de seu poder. Portanto, nada mais natural, com o passar do tempo, que o reconhecido mestre da estratégia, Sun Wu, ser popularmente ligado àquela campanha, a princípio talvez apenas que seu cérebro a tenha concebido e planejado; depois, que tenha sido efetivamente realizada por ele em conjunto com Wu Yuan[34], Po P'ei e Fu Kai.

É óbvio que qualquer tentativa de reconstruir até mesmo um esboço da vida de Sun Tzu deve ser baseada quase totalmente em conjecturas. Com essa ressalva necessária, devo dizer que ele entrou ao serviço de Wu em torno do período de ascensão de Ho Lu e ganhou experiência, mesmo que apenas na capacidade de oficial subordinado, durante a intensa atividade militar que marcou a primeira metade do reinado do príncipe.[35] Se ele chegou a galgar até o cargo de general, certamente nunca esteve em pé de igualdade com os outros três citados. Ele esteve, sem dúvidas, presente du-

---

[34] Com o próprio Wu Yuan o caso é exatamente o contrário: a paternidade de um tratado espúrio sobre a guerra foi dada a ele tão somente por ser um grande general. Aqui temos um óbvio incentivo à falsificação. Sun Wu, em compensação, não teria sido famoso no século 5.

[35] Do *Tso Chuan*: "Desde a ascensão do rei Chao (515), não houve um dia que Ch'u não fosse atacado por Wu".

rante a investida e ocupação da capital, Ying, e presenciou o colapso repentino de Wu no ano seguinte. O ataque de Yueh nessa conjectura crítica, quando seu rival estava envergonhado em todos os sentidos, parece tê-lo convencido de que esse reino arrivista era o grande inimigo contra o qual todos os esforços teriam de ser direcionados dali por diante. Sun Wu era então um soldado experiente quando se sentou para escrever seu livro famoso, que, de acordo com meus cálculos, deve ter aparecido no fim, em vez de no início, do reinado de Ho Lu. A história das mulheres deve ter surgido possivelmente de algum incidente real ocorrido mais ou menos na mesma época. Como não ouvimos mais nada vindo de nenhuma fonte sobre Sun Wu depois disso, é bem improvável que ele tenha vivido mais que seu patrono ou que tenha participado do conflito mortal com Yueh, que começou com o desastre em Tsui-li.

Se essas inferências estão aproximadamente corretas, existe certa ironia no destino que decretou que o mais ilustre homem de paz da China deveria ser contemporâneo de seu maior escritor sobre guerra.

O TEXTO DE SUN TZU

Achei difícil coletar muitas informações sobre a história do texto de Sun Tzu. As citações que ocorrem nos trabalhos de antigos autores seguem o caminho de que os "treze capítulos" dos quais Ssu-ma Ch'ien fala eram essencialmente os mesmos agora existentes. Temos a palavra dele de que eles eram amplamente difundidos em seus dias e podemos apenas lamentar por ele ter evitado discuti-los por causa disso. Sun Hsing-yen diz em seu prefácio:

> Durante as dinastias Ch'in e Han, *A Arte da Guerra*, de Sun Tzu, era de uso geral dos comandantes militares, mas parece que eles a tratavam como uma obra de importância misteriosa e relutavam em explicá-la para benefício da posteridade. Foi assim que Wei Wu se tornou o primeiro a escrever um comentário sobre ela.

Como já vimos anteriormente, não existe fundamento razoável para supor que Ts'ao Kung tenha adulterado o texto. Mas o texto em si é às vezes tão obscuro, e o número de edições que apareceram daquele período em diante, tão grande, especialmente durante as dinastias T'ang e Sung, que seria surpreendente se inúmeras corruptelas não tivessem se infiltrado na obra. Para o meio do período Sung, altura em que todos os principais comentários sobre Sun Tzu já existiam, um certo Chi T'ien-pao publicou uma obra em 15 *chuan* intitulada "Sun Tzu com comentários coletados de dez escritores". Havia outro escrito, com textos variados apresentados por Chu Fu de Ta-hsing, que também tinha apoiadores entre os estudiosos daquele período; mas nas edições Ming, Sun Hsing-yen nos diz, essas leituras, por uma razão ou outra, deixaram de circular. Assim, até o fim do século 18, o texto em posse única dessa área era um derivado da edição de Chi T'ien-pao, apesar de não se saber de nenhuma cópia daquele importante trabalho que tenha sobrevivido. Esse, portanto, é o texto de Sun Tzu que aparece na sessão de guerra da grande Enciclopédia Imperial impressa em 1726, o *Ku Chin T'u Shu Chi Ch'eng*. Outra cópia à minha disposição de algo que é praticamente o mesmo texto, com pequenas variações, é a contida em "Onze filósofos das dinastias Chou e Ch'in" (1758). E o chinês impresso na primeira edição do capitão Calthrop é evidentemente uma versão similar filtrada por canais japoneses. Assim as coisas permaneceram até Sun Hsing-yen

(1752-1818), um distinto antiquário e estudioso clássico, que afirmava ser descendente de Sun Wu,[1] acidentalmente descobrir uma cópia da obra perdida de Chi T'ien-pao quando visitava a biblioteca do templo de Hua-yin.[2] Anexado a ela estava o *I Shuo* de Cheng Yu-Hsien, mencionado no *T'ung Chih*, e que também se acreditava perdido. Foi isso que Sun Hsing-yen designa como a "edição (ou texto) original" — um nome bastante enganador, por ele não poder de forma alguma afirmar que está colocando à nossa frente o texto de Sun Tzu em sua pureza prístina. Chi T'ien-pao foi um organizador descuidado e parece ter se contentado em reproduzir a versão um tanto desvalorizada corrente em seu tempo, sem se dar ao trabalho de cotejá-la com as edições mais antigas então disponíveis. Felizmente, duas versões de Sun Tzu, ainda mais antigas que o trabalho recém-descoberto, ainda existiam: uma soterrada no *T'ung Tien*, o grande tratado de Tu Yu sobre a Constituição, a

---

1 Prefácio no final: "Minha família vem de Lo-an, e somos realmente descendentes de Sun Tzu. Tenho vergonha de dizer que li o trabalho de meu ancestral apenas de um ponto de vista literário, sem compreender a técnica militar. Há tanto tempo, temos desfrutado das bençãos da paz!".

2 Hoa-Yin fica a cerca de 22 quilômetros de T'ung-kuan na fronteira oriental de Shensi. O templo em questão ainda é visitado por aqueles prestes a subir a Montanha Sagrada Ocidental. É mencionada em um texto como estando situada a cinco *li* leste da cidade de Huan-yin. O templo abriga as tabuletas de Hua-shan inscritas pelo imperador T'ang Hsuan Tsung (713-755).

outra similarmente preservada na enciclopédia *T'ai P'ing Yu Lan*. Em ambas pode ser encontrado o texto completo, apesar de estar dividido em fragmentos entremeados com outros assuntos e espalhados aos poucos por várias seções diferentes. Considerando que o *Yu Lan* nos leva de volta ao ano de 983, e o *T'ung Tien* a duzentos anos antes ainda, para o meio da dinastia T'ang, o valor dessas primeiras transcrições de Sun Tzu é impossível de exagerar. Ainda assim, a ideia de utilizá-las parece não ter ocorrido a ninguém até que Sun Hsing-yen, agindo sob instruções do governo, realizou uma revisão completa do texto. O excerto a seguir saiu desse trabalho:

> Por causa dos inúmeros erros no texto de Sun Tzu que seus editores entregaram, o governo ordenou que a antiga edição (do Chi T'ien-pao) deveria ser usada, e que o texto deveria ser completamente revisado e corrigido. Acontece que Wu Nien-hu, o governador Pi Kua, e Hsi, um graduado de segundo grau, haviam todos se devotado a esse estudo, provavelmente me superando. Assim, fiz com que todo o trabalho fosse cortado em blocos como um livro-texto para militares.

Os três indivíduos aqui mencionados estavam evidentemente ocupados do texto de Sun Tzu antes do comissionamento de Sun Hsing-yen, mas ficamos em dúvida quanto ao trabalho que eles realmente realizaram. De qualquer forma, a nova edição, quando finalmente produzida, apareceu sob o nome de Sun Hsing-yen e apenas um coeditor, Wu Jen-shi. Eles pegaram a "edição original" como base e, por meio de cuidadosa comparação com versões antigas, assim como comentários existentes e outras fontes de informações como o *I Shuo*, conseguiram restaurar um grande número de passagens duvidosas e entregaram, no geral, aquela que deve ser aceita como a melhor aproximação que teremos do trabalho original de Sun Tzu. A partir daqui, passaremos a nos referir a isso como o *texto-padrão*.

A cópia que tenho usado é uma reimpressão de 1877. Ela está em seis *pen* e faz parte de um conjunto filosófico com 83 *pen*.[3] Ela abre com um prefácio de Sun Hsing-yen (amplamente citado nesta introdução), defendendo a visão tradicional da vida e desempenho de Sun Tzu e resumindo de forma impressionantemente concisa as evidências a seu favor. O texto é seguido por um prefácio de Ts'ao Kung para sua edição, e a biografia de Sun Tzu de *Shih Chi*, ambos traduzidos anteriormente. Em seguida vêm, primeiramente, o *I Shuo* de Cheng Yu-hsien,[4] com prefácio do autor, e depois, uma breve miscelânea de informações histórica e bibliográficas intitulada *Sun Tzu Hsu Lu*, compilada por Pi I-hsun. No que diz respeito ao corpo da obra, cada sentença

[3] Veja meu "Catálogo de Livros Chineses" (Luzac & Co., 1908), número 40.

[4] Essa é uma discussão de 29 passagens difíceis em Sun Tzu.

é seguida por uma nota no texto, quando necessário, e então pelos vários comentários a respeito dela, arranjados em ordem cronológica. Estes devemos agora discutir brevemente, um por um.

OS COMENTARISTAS

Sun Tzu pode ostentar uma lista excepcionalmente longa e distinta de comentaristas, que honrariam a qualquer clássico. Ou-yang Hsiu ressalta esse fato, apesar de ter escrito antes que a história estivesse completa, e o explica de uma forma um tanto engenhosa, dizendo que os artifícios da guerra, sendo inexauríveis, devem, portanto, ser suscetíveis a tratamento em uma grande variedade de formas.

1. TS'AO TS'AO ou Ts'ao Kung, antes conhecido como Wei Wu Ti (155-200 d.C.). Não existe muito espaço para dúvida de que os mais antigos comentários sobre Sun Tzu vieram na verdade da caneta desse homem extraordinário, cuja biografia no *San Kuo Chih* pode ser lida como se fosse um romance. Um dos grandes gênios militares que o mundo já viu, e napoleônico na escala de suas operações, ele foi especialmente famoso pela espantosa velocidade de suas marchas, que encontraram

expressão no dito "Fale de Ts'ao Ts'ao e Ts'ao Ts'ao aparecerá". Ou-yang Hsiu diz que ele foi um grande capitão que "mediu forças contra Tung Cho, Lu Pu e os dois Yuan, pai e filho, e derrotou todos; depois disso, ele dividiu o Império de Han com Wu e Shu e fez de si mesmo o rei. Existem registros de que, sempre que um conselho de guerra era realizado por Wei na iminência de uma longa campanha, ele tinha todos os seus cálculos prontos; os generais que faziam uso desses cálculos não perdiam nenhuma batalha em dez; aqueles que faziam frente a eles invariavelmente viam seus exércitos vencidos e postos para correr". As notas de Ts'ao Kung sobre Sun Tzu, modelos de brevidade austera, são tão características do rígido comandante que a história conheceu que é realmente difícil concebê-las como o trabalho de um mero literato. Às vezes, realmente, em razão da extrema compressão, elas mal são inteligíveis e se beneficiariam de comentários tanto quanto o próprio texto.[1]

2. MENG SHIH. O comentário que chegou até nós sob esse nome é comparativamente escasso, e nada se sabe sobre o autor. Mesmo seu nome pessoal não foi registrado. A edição de Chi T'ien-pao o coloca depois de Chia Lin, e Ch'ao Kung-wu também o atribui à di-

[1] Catálogo da biblioteca da família Ran em Ningpo: "Seu comentário é com frequência obscuro; oferece uma pista, não desenvolve completamente o significado".

nastia T'ang,[2] mas isso é um engano. No prefácio de Sun Hsing-yen, ele aparece como Meng Shih da dinastia Liang (502-557). Outros o identificam com Meng K'ang do século 3. Ele é nomeado em uma obra como o último dos "Cinco Comentaristas", os outros sendo Wei Wu Ti, Tu Mu, Ch'en Hao e Chia Lin.

3. LI CH'UAN, do século 7, foi um famoso escritor de táticas militares. Um de seus trabalhos tem estado em constante uso até os dias de hoje. O *T'ung Chih* menciona "Vidas de famosos generais da dinastia Chou até a T'ang" como tendo sido escrito por ele.[3] De acordo com Ch'ao Kung-wu e o catálogo *T'ien-i-ko*, ele seguiu uma variante do texto de Sun Tzu que difere consideravelmente dos que existem hoje. Suas notas são na maioria curtas e diretas, e ele ilustra com frequência suas observações com passagens da história chinesa.
4. TU YU (morto em 812) não publicou comentários separados sobre a obra de Sun Tzu; suas notas foram tiradas do *T'ung Tien*, o tratado enciclopédico sobre a Constituição que foi o trabalho de sua vida. Elas são, em grande parte, repetições dos comentários de Ts'ao Kung e Meng Shih; além disso, acredita-se que ele se baseou

---

2 *Wen Hsien T'ung K'ao*, capítulo 221.

3 É interessante notar que M. Pelliot descobriu recentemente capítulos 1, 4 e 5 de seu trabalho perdido nas "Grutas dos Mil Budas". Veja B.E.F.E.O., t. VIII, nos. 3-4, página 525.

nos antigos comentários de Wang Ling e outros. Pelo arranjo peculiar do *T'ung Tien,* ele tem de explicar cada passagem nos seus méritos, separadamente do contexto, e às vezes sua própria explicação não bate com a de Ts'ao Kung, que ele sempre cita primeiro. Embora não seja estritamente reconhecido como um dos "Dez Comentaristas", foi somado a eles por Chi T'ien-pao, sendo colocado erroneamente depois de seu neto Tu Mu.

5. TU MU (803-852) é talvez mais conhecido como poeta — uma estrela reluzente mesmo na gloriosa galáxia do período T'ang. Aprendemos com Ch'ao Kung-wu que, apesar de não ter experiência prática da guerra, ele gostava muito de discutir sobre o assunto. Além disso, era bem lido na história militar das eras *Ch'un Ch'iu* e *Chan Kuo*. Suas notas, portanto, são dignas de atenção. Elas são muitas e repletas de paralelos históricos. A essência da obra de Sun Tzu é assim resumida por ele: "Pratique benevolência e justiça; ainda assim, faça uso total de artimanhas e aproveite as oportunidades". Ele declarou ainda que todos os triunfos e desastres militares dos mil anos que se passaram desde a morte de Sun Tzu poderiam, caso examinados, sustentar e corroborar, em cada detalhe, as máximas contidas em seu livro. A acusação um tanto maldosa de Tu Mu contra Ts'ao Kung já foi levada em consideração em outro lugar.

6. CH'EN HAO parece ter sido um contemporâneo de Tu Mu. Ch'ao Kung-wu diz que ele foi impelido a es-

crever um novo comentário sobre Sun Tzu porque o de Ts'ao Kung era muito obscuro e sutil, e o de Tu Mu, por sua vez, era prolixo e difuso demais. Ou-yang Hsiu, escrevendo no meio do século 11, chama Ts'ao Kung, Tu Mu e Ch'en Hao de os três principais comentaristas sobre Sun Tzu e observa que Ch'en Hao ataca continuamente as deficiências de Tu Mu. Seus comentários, apesar de não carecerem de mérito, devem ficar abaixo dos de seus predecessores.

7. CHIA LIN é conhecido por ter vivido durante a dinastia T'ang, pois seus comentários sobre Sun Tzu são mencionados no *T'ang Shu* e foram depois publicados por Chi Hsieh, da mesma dinastia, junto aos de Meng Shih e Tu Yu. É de reduzida contextura, e em se tratando de qualidade, talvez também seja o de menor valor dos onze.

8. MEI YAO-CH'EN (1002-1060), comumente conhecido por seu "estilo" como Mei Sheng-yu, foi, como Tu Mu, um poeta de distinção. Seu comentário foi publicado com um elogioso prefácio do grande Ou-yang Hsiu, do qual selecionamos as seguintes linhas:

> Estudiosos posteriores interpretaram mal Sun Tzu, distorcendo suas palavras e tentando fazer com que se alinhassem com suas próprias visões tendenciosas. Assim, apesar de não faltarem comentaristas, poucos se mostraram estar à altura da tarefa. Meu amigo Sheng-yu

não cometeu esse erro. Na tentativa de fornecer um comentário crítico sobre o trabalho de Sun Tzu, ele não perde de vista o fato de que esses ditos se destinavam a estados engajados em guerras internas; que o autor não está preocupado com as condições militares prevalecentes sob a soberania das três antigas dinastias,[4] nem com as nove medidas punitivas indicadas ao Ministério de Guerra.[5] Novamente, Sun Tzu amava a brevidade na fala, mas seus significados eram profundos. Seja o assunto marcha de um exército, ou gestão de soldados, ou estimativa de inimigo, ou controle das forças da vitória, tudo era sempre tratado sistematicamente; os dizeres são interligados em uma sequência lógica, mesmo que isso tenha sido obscurecido por comentaristas que provavelmente falharam em captar seus sentidos. Em seu próprio comentário, Mei Sheng-yu afastou todos os preconceitos obstinados desses críticos e tentou trazer à tona o verdadeiro significado do próprio Sun Tzu. Dessa forma, as nuvens de confusão foram dispersas, e os dizeres, esclarecidos. Estou convencido de que o trabalho presente merece estar lado a lado com os três grandes comentários; e pelas grandes descobertas que terão com

---

[4] A Hsia, Shang e A Chou. Apesar de a última ter nominalmente existido nos dias de Sun Tzu, conservava poucos vestígios de poder, e a velha organização militar tinha praticamente sumido. Não posso oferecer outra explicação da passagem.

[5] Veja *Chou Li*, XXIX. 6-10.

os ditos, gerações futuras terão motivos constantes para parabenizar meu amigo Sheng-yu.

Excluindo a exuberância da amizade, estou inclinado a concordar com esse julgamento favorável, e poderia colocá-lo certamente acima de Ch'en Hao em ordem de mérito.

9. WANG HSI, também da dinastia Sung, é decididamente original em algumas de suas interpretações, mas muito menos criterioso do que Mei Yao-ch'en, e no geral não é um guia muito confiável. Ele gosta de comparar seu próprio comentário ao de Ts'ao Kung, mas essa comparação não é sempre lisonjeira para ele. Aprendemos com Ch'ao Kung-wu que Wang Hsi revisou o antigo texto de Sun Tzu, preenchendo lacunas e corrigindo erros.[6]

10. HO YEN-HSI, da dinastia Sung. O nome pessoal desse comentarista é dado assim por Cheng Ch'iao no *Tung Chih*, escrito aproximadamente no meio do século 12, mas ele aparece simplesmente como Ho Shih no *Yu Hai*, e Ma Tuan-lin cita Ch'ao Kung-wu dizendo que seu nome pessoal é desconhecido. Não parece haver razões para se duvidar da afirmação de Cheng Ch'iao, caso contrário, estaria inclinado a arriscar um palpite e identificá-lo como Ho Ch'u-fei, autor de um

---

[6] *T'ung K'ao*, capítulo 221.

curto tratado sobre guerra que viveu na última parte do século 11. O comentário de Ho Shih nas palavras do catálogo *T'ien-i-ko* "contém adições úteis" aqui e ali, mas é principalmente notável pelos copiosos extratos tirados, de forma adaptada, de histórias dinásticas e outras fontes.

11. CHANG YU. A lista fecha com um comentarista que talvez não seja dos mais originais, mas é dotado de admiráveis poderes de lucidez expositiva. Seu comentário é baseado no de Ts'ao Kung, cujas frases concisas ele consegue expandir e desenvolver de maneira magistral. Sem Chang Yu, é seguro dizer que muito do comentário de Ts'ao Kung permaneceria encoberto por sua obscuridade prístina e, portanto, sem valor. Seu trabalho não é mencionado na história de Sung, o *T'ung K'ao*, nem no *Yu Hai*, mas encontra lugar no *T'ung Chih*, que também o nomeia como o autor das "Vidas de Famosos Generais".[7]

É bastante notável que os quatro últimos nomes tenham todos florescido em um período tão curto. Ch'ao Kung-wu explica isso dizendo: "Durante os primeiros anos da dinastia Sung, o Império teve um longo período de paz, e os homens pararam de praticar a arte da guerra. Mas quando a rebelião

---

[7] Isso parece ainda existir. Veja "Notas" de Wylie, página 91 (nova edição).

de (Chao) Yuan-hao aconteceu (1038-1042) e os generais de fronteira foram derrotados repetidas vezes, a corte fez uma incansável caçada por homens habilidosos na guerra, e tópicos militares se tornaram moda entre os altos oficiais. Por isso os comentaristas de Sun Tzu de nossa dinastia pertencem principalmente àquele período.[8]

Além desses onze comentaristas, existem vários outros cujo trabalho não chegou até nós. O *Sui Shu* menciona quatro, chamados Wang Ling (citado com frequência por Tu Yu e Wang Tzu); Chang Tzu-shang; Chia Hsu de Wei;[9] e Shen Yu de Wu. O *T'ang Shu* acrescenta Sun Hao, e o *T'ung Chi*, Hsiao Chi, enquanto o *T'u Shu* menciona um comentarista Ming, Huang Jun-yu. É possível que alguns desses tenham sidos meros compiladores e editores de outros comentaristas, como Chi T'ien-pao e Chi Hsieh, mencionados anteriormente.

---

8 *T'ung K'ao*.

9 Uma pessoa notável em seus dias. Sua biografia é dada no *San Kuo Chih*, capítulo 10.

APRECIAÇÃO A SUN TZU

Sun Tzu exerceu potente fascinação sobre as mentes de alguns dos maiores homens da China. Entre os famosos generais que se sabe que estudaram suas páginas com entusiasmo, devem ser mencionados Han Hsin (morto em 196 a.C.),[1] Feng I (morto em 34 d.C.),[2] Lu Meng (morto em 219)[3] e Yo Fei (1103-1141).[4] A opinião de Ts'ao Kung, que disputa com Han Hsin o lugar mais alto nos anais militares chineses, já foi registrada.[5] Ainda mais impressionante, de certa forma, é o testemunho de homens puramente lite-

---

1 Veja XI, parágrafo 58, nota.

2 *Hou Han Shu*, capítulo 17.

3 *San Kuo Chi*, capítulo 54.

4 *Sung Shih*, capítulo 365.

5 Os poucos europeus que já tiveram a oportunidade de se familiarizar com Sun Tzu não demoraram a elogiá-lo. Nessa conexão, talvez seja desculpado por fazer uma citação de uma carta de Lorde Roberts, a quem as páginas da presente publicação foram submetidas antes da publicação: "Muitas das máximas de Sun Wu são perfeita-

rários, como Su Hsun (pai de Su Tung-p'o), que escreveu vários ensaios sobre tópicos militares; todos eles devem sua principal inspiração a Sun Tzu. A passagem curta a seguir está preservada no *Yu Hai*:[6]

> O dito de Sun Wu de que na guerra ninguém pode ter certeza da vitória[7] é, com certeza, muito diferente do que outros livros nos dizem.[8] Wu Ch'i foi um homem da mesma lavra de Sun Tzu: ambos escreveram livros sobre guerra e estão conectados na linguagem popular como Sun e Wu. Mas as observações de Wu Ch'i sobre a guerra têm menos peso, suas regras são declaradas de forma mais rústica e crua e não têm a mesma unidade de plano como o trabalho de Sun Tzu, cujo estilo é conciso, mas o significado é trazido plenamente à tona.

A seguir, excerto tirado do "Julgamentos Imparciais no Jardim da Literatura", de Cheng Hou:

> Os treze capítulos de Sun Tzu não apenas são a base e fundação de todo treinamento militar, mas também exigem a atenção cuidadosa de estudiosos e homens das

---

mente aplicáveis em tempos presentes, e a número 11 (no capítulo 8) é uma que as pessoas deste país fariam bem em levar a sério".

[6] Capítulo 140.

[7] Veja IV, parágrafo 3.

[8] A alusão pode ser a *Mêncio* VI. 2. ix. 2.

> letras. Seus ditos são concisos, porém elegantes; simples e ainda assim profundos, perspicazes e notavelmente práticos. Tais trabalhos como *Lun Yu*, o *I Ching* e o grande Comentário,[9] assim como os escritos de Mêncio, Hsun K'uang e Yang Chu, todos ficam abaixo do nível de Sun Tzu.

Chu Hsi, comentando sobre isso, admite completamente a primeira parte da crítica, apesar de não gostar da comparação audaciosa com os venerados trabalhos clássicos. Linguagem desse tipo, diz ele, "encoraja a tendência de um governante no sentido da guerra implacável e do militarismo insensato".

---

[9] O *Tso Chuan*.

DEFESA DA GUERRA

Acostumados como estamos em pensar na China como a maior nação pacifista do planeta, corremos o perigo de nos esquecer que sua experiência de guerra em todas as suas fases é tamanha que nenhum Estado moderno pode se igualar. Seus longos anais militares remontam a um ponto que se perde nas brumas do tempo. Ela já havia construído a grande muralha e mantinha um enorme exército ao longo de sua fronteira séculos antes de o primeiro legionário romano ser visto no Danúbio. Com as perpétuas colisões dos antigos estados feudais, o cruel conflito com os hunos, com os turcos e outros invasores depois da centralização do governo, as terríveis convulsões que acompanharam a derrubada de tantas dinastias, além das incontáveis rebeliões e distúrbios menores que ocorriam intermitentemente, não é demais dizer que o choque das armas nunca deixou de ressoar em uma ou outra parte do Império.

Não menos notável é a sucessão de capitães ilustres que a China pode apontar com orgulho. Como em todo país, os maiores costumam surgir nas piores crises de sua história. Assim sendo, Po Ch'i se destaca, conspícuo, no período em que Ch'in entrava em seu conflito final com o restante dos estados independentes. Os anos tempestuosos que seguiram o rompimento da dinastia Ch'in são iluminados pelo gênio transcendental de Han Hsin. Quando a casa de Han, por sua vez, cambaleia para a queda, a grande e melancólica figura de Ts'ao Ts'ao domina a cena. E no estabelecimento da dinastia T'ang, uma das maiores tarefas realizadas pelo homem, a energia super-humana de Li Shih-min (posteriormente imperador T'ai Tsung) foi acompanhada pela brilhante estratégia de Li Ching. Nenhum desses generais precisa temer comparações com os grandes nomes da história militar da Europa.

Apesar de tudo isso, a maior parte do sentimento chinês, de Lao Tzu para trás, e especialmente como ele se reflete na literatura comum do confucionismo, tem sido consistentemente pacífica e intensamente oposta a qualquer forma de militarismo. É tão incomum encontrar qualquer literato defendendo a guerra por princípio que achei que valia a pena coletar e traduzir algumas passagens nas quais a visão inortodoxa é defendida. A passagem a seguir, de Ssu-ma Ch'ien, mostra que, apesar de todas as suas ardentes admirações a Confúcio, ele ainda assim não defendia a paz a qualquer custo:

> Armas militares são os meios usados pelo sábio para punir violência e crueldade, para dar paz a tempos tur-

bulentos, para remover dificuldades e perigos e socorrer aqueles que estão em perigo. Todo animal com sangue nas veias e chifres na cabeça lutará quando for atacado. Quanto mais o homem, que carrega no peito as qualidades do amor e do ódio, da alegria e da raiva! Quando ele está contente, um sentimento de afeição nasce dentro dele; quando com raiva, seu ferrão venenoso entra em cena. Essa é a lei natural que governa seu ser. [...] O que dizer então dos eruditos de nosso tempo, cegos diante de todos os grandes problemas e sem nenhuma apreciação em relação a valores relativos, que apenas latem suas fórmulas obsoletas sobre "virtude" e "civilização", condenando o uso de armas militares? Eles com certeza trarão impotência e desonra para nosso país, fazendo com que ele perca nossa herança legítima; ou, no mínimo, trarão para cá invasões e rebeliões, sacrifício de território e enfraquecimento generalizado. Ainda assim se recusam obstinadamente a mudar sua posição. A verdade é que, da mesma forma que na família o mestre não pode evitar a palmatória, e as punições não podem ser evitadas no Estado, o castigo militar não deve cair em desuso no Império. Tudo o que se pode dizer é que esse poder será exercido com sabedoria por alguns, estupidez por outros, e que, dentre os que empunham armas, alguns serão leais, e outros, rebeldes.[1]

[1] *Shih Chi*, capítulo 25, fólio 1.

A passagem a seguir foi tirada do prefácio de Tu Mu de seu comentário a Sun Tzu:

> A guerra pode ser definida como punição, que é uma das funções de um governo. Era a profissão de Chung Yu e Jan Ch'iu, ambos discípulos de Confúcio. Hoje em dia, a realização de julgamentos e audiências de litígio, o encarceramento de criminosos e suas execuções por açoitamento no mercado público, tudo é feito por oficiais. Mas o manejo de grandes exércitos, a derrubada de cidades fortificadas, o transporte de mulheres e crianças cativas e a decapitação de traidores – essas também são atividades executadas por oficiais. Os que sofrem pela tortura ou por armas militares são essencialmente os mesmos. Não há diferença intrínseca entre a punição do açoite e a decapitação na guerra. Para as infrações menores da lei, que são fáceis de lidar, apenas uma pequena quantidade de violência precisa ser empregada: daí o uso de armamento militar e decapitações por atacado. Em ambos os casos, entretanto, o objetivo é se livrar de pessoas más, para dar conforto e alívio para as boas...

— O senhor conseguiu sua aptidão militar estudando-a ou é natural? — perguntou Chi-sun a Jan Yu.

— Consegui estudando[2] — respondeu Jan Yu.

---

[2] *Shih Chi*, capítulo 47.

— Mas como, já que você é um discípulo de Confúcio?

— É um fato, fui ensinado por Confúcio — respondeu Jan Yu. — É apropriado que o grande sábio exercite funções tanto civis como militares, embora minha instrução na arte da luta ainda não tenha ido muito longe.

Agora, quem era o autor dessa distinção rígida entre o que é "civil" e o que é "militar", e a limitação de cada um a uma esfera de ação separadamente, ou em que ano de qual dinastia isso foi introduzido pela primeira vez, é mais do que posso dizer. De qualquer forma, aconteceu que os membros da classe governante têm muito medo de se alongar nos tópicos militares ou o fazem apenas de modo envergonhado. Se algum é corajoso o bastante para discutir o assunto, eles são então taxados como indivíduos excêntricos, com inclinações grosseiras e brutais. Esse é um caso extraordinário em que, por pura falta de raciocínio, os homens infelizmente perdem de vista princípios fundamentais.

Quando o duque do Chou foi ministro sob as ordens de Ch'eng Wang, ele regulamentava cerimônias, fazia música e venerava as artes da erudição e do aprendizado; ainda assim, quando os bárbaros do rio Huai se revoltaram,[3] ele os puniu. Quando Confúcio tinha um cargo sob as ordens do duque de Lu, e uma reunião

[3] Veja *Shu Ching*, prefácio, parágrafo 55.

foi convocada em Chia-ku,[4] ele disse: "Se negociações pacíficas estão em progresso, preparações para a guerra deveriam ter sido feitas de antemão". Ele repreendeu e envergonhou o marquês de Ch'i, que se acovardou e não ousou proceder com violência. Como se pode dizer que esses dois grandes sábios desconheciam os assuntos militares?

Vimos que o grande Chu Hsi tinha Sun Tzu em alta estima. Ele também apela para a autoridade dos clássicos:

Nosso mestre Confúcio, respondendo ao duque Ling de Wei, disse: "Eu nunca estudei as questões relacionadas a exércitos e batalhões".[5] Em resposta a K'ung Wen Tzu, ele disse: "Não fui instruído sobre armaduras e armas". Mas se voltarmos para a reunião em Chia-ku, veremos que ele usou força armada contra os homens de Lai, tanto que o marquês de Ch'i ficou intimidado. Novamente, quando os habitantes do Pi revoltaram-se, ele ordenou que seus oficiais os atacassem, ao que eles foram derrotados e fugiram. Ele certa vez disse: "Se eu luto, eu conquisto".[6] E Jan Yu também disse: "O Sábio exercita

---

4 Veja *Shih Chi*, capítulo 47.

5 *Lun Yu*, XV, 1.

6 Não consegui rastrear esse enunciado.

funções tanto civis quanto militares".[7] Será que pode ser um fato que Confúcio nunca estudou ou foi instruído na arte da guerra? Podemos apenas dizer que ele não escolheu especialmente questões conectadas a exércitos e batalhas para serem assuntos de seus ensinamentos.

Sun Hsing-yen, o editor de Sun Tzu, segue uma linha parecida:

> Confúcio disse: "Não sou versado em assuntos militares".[8] Ele também disse: "Se eu luto, eu conquisto". Confúcio ordenou cerimônias e regulou a música. Mas a guerra constituiu umas das cinco classes de cerimônia de Estado[9] e não pode ser tratada como um ramo de estudo diferente. Portanto, as palavras "não sou versado" devem ser entendidas no sentido de que existem coisas que mesmo um mestre inspirado não sabe. Aqueles que têm de liderar um exército e planejar estratégias devem aprender a arte da guerra. Mas se alguém pode comandar os serviços de um bom general como Sun Tzu, que trabalhava para Wu Tzu-hsu, não há motivo para ele

---

[7] Supra.

[8] Supra.

[9] As outras quatro sendo devoção, luto, entretenimento de visitantes e ritos festivos. Veja *Shu Ching*, ii.1. III. 8, e *Chou Li*, IX, fólio 49.

mesmo aprender. Daí a observação acrescentada por Confúcio: "Se eu luto, eu conquisto".

Os homens dos tempos atuais, entretanto, interpretam essas palavras de Confúcio da forma mais estreita possível, como se ele quisesse dizer que livros sobre a arte da guerra não valessem a pena ser lidos. Com persistência cega, eles expõem o exemplo de Chao Kua, que se debruçou sobre os livros de seu pai sem nenhum propósito,[10] como prova de que toda teoria militar é inútil. E novamente, vendo que livros sobre a guerra tratam de coisas como oportunismo ao se traçar um plano e conversão de espiões, eles sustentam que essa arte é imoral e indigna de um sábio. Essas pessoas ignoram o fato de que o estudo de nossos especialistas e a administração civil de nossos oficiais também requerem aplicação contínua e prática para que a eficiência seja alcançada. Os antigos eram particularmente cautelosos em permitir que meros novatos estragassem seu trabalho.[11] Armas são perniciosas,[12] e guerras são arriscadas; e inúteis — a não ser que um general esteja em prática constante, ele não deve colocar as vidas de outros homens em perigo

---

[10] Veja 13, parágrafo 11, nota.

[11] Essa é uma obscura alusão a *Tso Chuan*, em que Tzu-ch'an diz: "Se você tem um pedaço de um belo brocado, você não vai empregar um mero aprendiz para costurá-lo".

[12] *Tao Te Ching*, capítulo 31.

em batalha.[13] Logo, é essencial que os treze capítulos de Sun Tzu sejam estudados.

Hsiang Liang costumava instruir seu sobrinho Chi[14] na arte da guerra. Chi conseguiu uma ideia aproximada da arte e seus aspectos gerais, mas não prosseguiu os estudos até obter uma compreensão total, e como consequência disso foi finalmente derrotado e deposto. Ele não percebeu que os truques e estratagemas da guerra estão além da computação verbal. O duque Hsiang de Sung e o rei Yen de Hsu foram destruídos por sua compaixão equivocada. A natureza traiçoeira e desleal da guerra necessita de astúcia e estratégias apropriadas à ocasião. Há um caso registrado em que o próprio Confúcio violou um juramento,[15] e outro dele saindo do Estado de Sung disfarçado.[16] Podemos então acusar de forma imprudente Sun Tzu por desconsiderar a verdade e a honestidade?

---

[13] Sun Hsing-yen pode ter citado Confúcio novamente. Veja *Lun Yu*, XIII. 29,30.

[14] Mais conhecido como Hsiang Yu (233-202 a.C.).

[15] *Shih Chi*, capítulo 47.

[16] *Shih Chi*, capítulo 38.

BIBLIOGRAFIA

O que vem a seguir são os mais antigos tratados de guerra chineses, depois de Sun Tzu. As notas de cada um foram tiradas principalmente de *Ssu k'u ch'uan shu chien ming mu lu*, capítulo 9, fólio 22 e seguintes.

1. *Wu Tzu*, em 1 *chuan* ou seis capítulos. Por Wu Ch'i (morto 381 a.C.). Um trabalho genuíno. Veja *Shih Chi*, capítulo 65.
2. *Ssu-ma Fa*, em 1 *chuan* ou 5 capítulos. Erroneamente atribuído a Ssu-ma Jang-shu do século 6 a.C. Sua data, entretanto, deve ser anterior, já que os costumes das três antigas dinastias são constantemente encontrados em suas páginas. Veja *Shih Chi*, capítulo 64.

   O Ssu K'u Ch'uan Shu (capítulo 99, fólio 1) observa que os três mais antigos tratados sobre a guerra, Sun Tzu, Wu Tzu e Ssu-ma Fa, estão, falando em termos gerais, preocupados apenas com coisas estritamente militares — a arte de produzir, coletar, treinar e exercitar as tropas, e a teoria correta no que diz respeito a medidas de conveniência, traçar planos, transporte de bens e manejo de soldados —, em forte contraste com trabalhos anteriores, nos quais a ciência da guerra é usualmente misturada com metafísica, adivinhações e artes mágicas em geral.

3. *Liu T'ao*, em 6 *chuan* ou 60 capítulos. Atribuído a Lu Wang (ou Lu Shang, também conhecido como T'ai Kung) do século 12 a.C.[1] Mas seu estilo não pertence à era das Três Dinastias. Lu Te-ming (550-625 d.C.) menciona o trabalho e enumera os títulos das seis sessões para que a falsificação não tenha sido posterior à dinastia Sui.
4. *Wei Liao Tzu*, em 5 *chuan*. Atribuído a Wei Liao (século 4 a.C.), que estudou com o famoso Kuei-ku Tzu. O trabalho parece ter tido originalmente 31 capítulos, mesmo que o texto que tenhamos apresente apenas 24. Seus assuntos são bastante sólidos em geral, embora os dispositivos estratégicos difiram consideravelmente daqueles do período dos Estados Combatentes. Ele é comentado pelo conhecido filósofo Sung Chang Tsai.

---

[1] Veja 13, parágrafo 27, nota. Mais detalhes sobre T'ai Kung podem ser encontrado no *Shih Chi*, capítulo 32 no começo. Além da tradição que faz dele um ex-ministro do Chou Hsin, são dados dois outros relados dele, de acordo com os quais ele pode ter sido criado de uma humilde estação privada por Wen Wang.

5. *San Lueh* em 3 *chuan*. Atribuído a Huang-shi Kung, um personagem lendário que dizem ter concedido Chang Liang (morto em 187 a.C.) em uma conversa em uma ponte. Mas novamente, o estilo não é o mesmo de trabalhos datando do período Ch'in ou Han. O imperador Han Kuang Wu (25-57 d.C.) o cita aparentemente em uma de suas proclamações; mas a passagem em questão pode ter sido inserida posteriormente, para provar a autenticidade do trabalho. Não estaremos muito distantes se nos referirmos ao período Sung do norte (420-478 d.C.), ou um pouco antes.
6. *Li Wei Kung Wen Tui*, em 3 sessões. Escrito em forma de um diálogo entre T'ai Tsung e seu grande general Li Ching, é geralmente atribuído ao último. Autoridades competentes a consideram uma fraude, apesar de o autor ser bem versado na arte da guerra.
7. *Li Ching Ping Fa* (não confundir com o anterior) é um curto tratado em 8 capítulos, preservado no T'ung Tien, mas não publicado separadamente. Esse fato explica sua omissão do Ssu K'u Ch'uan Shu.
8. *Wu Ch'i Ching*, em 1 *chuan*. Atribuído ao lendário ministro Feng Hou, com notas intensas de Kung-sun Hung da dinastia Han (morto em 121 a.C.), e dito ter sido elogiado pelo celebrado general Ma Lung (morto em 300 d.C.). Ainda assim suas menções mais antigas ocorrem no *Sung Chih*. Apesar de forjado, o trabalho é bem compilado.

Considerando a alta estima popular que Chu-ko Liang sempre teve, não é surpresa encontrar mais de um trabalho sobre guerra atribuído a sua caneta. São eles o Shih Liu Ts'e, preservado no Yung Lo Ta Tien; o Chiang Yuan; e o Hsin Shu, todos com 1 *chuan*, e todos plagiando indiscriminadamente ideias de Sun Tzu. Nenhum destes pode ser considerado genuíno.

A maioria das maiores enciclopédias chinesas contém seções extensas dedicadas à literatura de guerra. As seguintes referências podem ser úteis:

- *T'ung Tien* (cerca de 800 d.C.), capítulos 148-162.
- *T'ai P'ing Yu Lan* (983), capítulos 270-359.
- *Wen Hsien Tung K'ao* (século 13), capítulo 221.
- *Yu Hai* (século 13), capítulos 140, 141.
- *San Ts'ai T'u Hui* (século 16).
- *Kuang Po Wu Chih* (1607), capítulos 31, 32.
- *Ch'ien Ch'io Lei Shu* (1632), capítulos 75.
- *Yuan Chien Lei Han* (1710), capítulos 206-229.
- *Ku Chin T'u Shu Chi Ch'eng* (1726), seção XXX, esp. capítulos 81-90.
- *Hsu Wen Hsien T'ung K'ao* (1784), capítulos 121-134.
- *Huang Ch'ao Ching Shih Wen Pien* (1826), capítulos 76, 77.

As seções bibliográficas de certos trabalhos históricos também merecem menção:

- *Ch'ien Han Shu*, capítulo 30.
- *Sui Shu*, capítulos 32-35.
- *Chiu T'ang Shu*, capítulos 46, 47.
- *Hsin T'ang Shu*, capítulos 57,60.
- *Sung Shih*, capítulos 202-209.
- *T'ung Chih* (cerca de 1150), capítulo 68.

A esses obviamente deve ser somado o grande Catálogo da Biblioteca Imperial:

- *Ssu K'u Ch'uan Shu Tsung Mu T'i Yao* (1790), capítulos 99, 100.

SUN TZU

A ARTE DA GUERRA

Tradução para o inglês de

Lionel Giles

CAPÍTULO 1

PLANEJANDO

[Ts'ao Kung, ao definir o significado do chinês para o título deste capítulo, diz que se refere às deliberações no templo selecionadas pelo general para seu uso temporário ou, como deveríamos dizer, em sua tenda. *Ver parágrafo 26.*]

1. Sun Tzu disse: A arte da guerra é de vital importância para o Estado.
2. É uma questão de vida ou morte, uma estrada para a segurança ou a ruína. Consequentemente, é um assunto de investigação que não pode, em nenhuma hipótese, ser negligenciado.
3. A arte da guerra, então, é regida por cinco fatores constantes, a serem levados em conta nas deliberações quando se busca determinar as condições que se encontram em campo.
4. São eles: (1) A Lei Moral; (2) O Céu; (3) A Terra; (4) O Comandante; (5) Método e disciplina.

[Do que se segue, parece que Sun Tzu entende por "Lei Moral" um princípio de harmonia, não muito diferente do Tao de Lao Tzu em seu aspecto moral. Alguém poderia ser tentado a interpretá-lo por "ânimo", se não fosse considerado um atributo do *governante* no parágrafo 13.]

5, 6. *A Lei Moral* faz com que o povo esteja de total acordo com seu governante, de modo que optarão por segui-lo sem consideração por suas vidas, sem se intimidar com qualquer perigo.

[Tu Yu cita Wang Tzu, dizendo: "Sem prática constante, os oficiais ficarão nervosos e indecisos quando se reunirem para a batalha; sem prática constante, o general ficará hesitante e indeciso quando a crise chegar".]

7. *O Céu* significa noite e dia, frio e calor, tempos e estações.

[Acho que os comentaristas fazem um mistério desnecessário de duas palavras aqui. Meng Shih refere-se a "o duro e o mole, crescente e minguante" do Céu. Wang Hsi, no entanto, pode estar certo ao dizer que o que se quer dizer é "a economia geral do Céu", incluindo os cinco elementos, as quatro estações, o vento e as nuvens, e outros fenômenos.]

8. *A Terra* engloba distâncias, grandes e pequenas; perigo e segurança; terreno aberto e passagens estreitas; as chances de vida e morte.

9. *O Comandante* representa as virtudes de sabedoria, sinceridade, benevolência, coragem e rigor.

[As cinco virtudes cardeais dos chineses são (1) humanidade ou benevolência; (2) retidão da mente; (3) respeito próprio, autocontrole ou "sentimento adequado"; (4) sabedoria; (5) sinceridade ou boa-fé. Aqui "sabedoria" e "sinceridade" são colocadas antes de "humanidade ou benevolência", e as duas virtudes militares de "coragem" e "rigidez" são substituídas por "retidão da mente" e "respeito próprio, autocontrole ou sentimento adequado".]

10. Por *Método e disciplina,* devem ser entendidos o manejo do exército em suas subdivisões apropriadas, as graduações de patente entre os oficiais, a manutenção de estradas pelas quais os suprimentos possam chegar ao exército e o controle dos gastos militares.

11. Essas cinco cabeças devem ser familiares a todo general: aquele que as conhece sairá vitorioso; aquele que não as conhece fracassará.

12. Portanto, em suas deliberações, ao buscar determinar as condições militares, faça delas a base de comparação, assim:

13. (1) Qual dos dois soberanos está imbuído da lei moral?

[Exemplo: "está em harmonia com seus súditos". Conferir parágrafo 5.]

(2) Qual dos dois generais tem mais habilidade?

(3) Com quem estão as vantagens derivadas do Céu e da Terra?

[Ver parágrafos 7 e 8.]

(4) De que lado a disciplina é aplicada com mais rigor?

[Tu Mu alude à notável história de Ts'ao Ts'ao (155-220 d.C.), que era um disciplinador tão rígido que certa vez, de acordo com seus próprios regulamentos severos contra danos em plantações, condenou-se à morte por ter permitido que seu cavalo fugisse para um campo de milho! No entanto, em vez de perder a cabeça, foi persuadido a satisfazer seu senso de justiça cortando o cabelo. O comentário do próprio Ts'ao Ts'ao sobre a presente passagem é caracteristicamente breve: "quando você estabelece uma lei, certifique-se de que ela não seja desobedecida; se for desobedecida, o infrator deve ser executado".]

(5) Qual exército é mais forte?

[Tanto moral quanto fisicamente. Como Mei Yao-ch'en diz, numa tradução livre: "*esprit de corps* e 'grandes batalhões'".]

(6) Em qual dos lados estão os oficiais e soldados de treinamento mais elevado?

[Tu Yu cita Wang Tzu dizendo: "Sem prática constante, os oficiais ficarão nervosos e indecisos ao se reunir para a batalha; sem prática constante, o general ficará hesitante e indeciso quando a crise chegar".]

(7) Em qual exército há maior constância, tanto na recompensa quanto na punição?

[De que lado existe a certeza mais absoluta de que o mérito será devidamente recompensado e os delitos, sumariamente punidos?]

14. Por meio dessas sete considerações, posso prever a vitória ou a derrota.

15. O general que ouvir meus conselhos e agir de acordo com eles vencerá — deixe este no comando! O gene-

ral que não der ouvidos aos meus conselhos nem agir de acordo com eles sofrerá derrota — que este seja dispensado!

[A forma desse parágrafo nos lembra que o tratado de Sun Tzu foi composto expressamente em prol de seu patrono Ho Lu, rei do Estado de Wu.]

16. Enquanto usufrui dos frutos de meus conselhos, aproveite para dispor também de quaisquer circunstâncias convenientes que ultrapassem e vão além das regras comuns.

17. Conforme as circunstâncias forem favoráveis, devem-se modificar os planos.

[Sun Tzu, como um soldado prático, não aceita nenhuma "teoria letrada". Ele nos avisa aqui a não depositar a fé em princípios abstratos; "pois", como diz Chang Yu, "embora as principais leis da estratégia possam ser declaradas com clareza suficiente para beneficiar a todos, na guerra real você deve ser guiado pelas ações do inimigo na tentativa de garantir uma posição favorável". Na véspera da batalha de Waterloo, Lorde Uxbridge, comandando a cavalaria, procurou o duque de Wellington a fim de saber quais eram seus planos e cálculos para o dia seguinte, porque, como explicou, ele poderia repentinamente se tornar comandante-chefe e seria incapaz de traçar novos planos em um momento crítico. O duque ouviu em silêncio e então disse: "Quem atacará primeiro amanhã – eu ou Bonaparte?". "Bonaparte", respondeu Lorde Uxbridge. O duque prosseguiu: "Bem,

Bonaparte não me deu nenhuma ideia de seus projetos; e como meus planos dependerão dos dele, como você pode esperar que eu lhe diga quais são os meus?".[2]

18. Toda batalha é baseada na ilusão.

[A verdade desta afirmação lacônica e profunda é confirmada por todos os soldados. O coronel Henderson nos diz que Wellington, grande em tantas qualidades militares, distinguia-se especialmente pela "habilidade extraordinária com que escondia seus movimentos e enganava amigos e inimigos".]

19. Portanto, quando somos capazes de atacar, devemos parecer incapazes; ao usar nossas forças, devemos parecer inativos; quando estamos perto, devemos fazer o inimigo acreditar que estamos longe; quando longe, devemos fazê-lo acreditar que estamos perto.

20. Ofereça iscas para atrair o inimigo. Finja desordem e o esmague.

[Todos os comentaristas, exceto Chang Yu, dizem: "Quando ele está desorganizado, esmague-o". É mais natural supor que Sun Tzu ainda esteja ilustrando o uso de ilusão na guerra.]

21. Se ele estiver seguro em todos os pontos, esteja preparado para ele. Se ele tem força superior, fuja dele.

2 "Words on Wellington", por *Sir* W. Fraser.

22. Se seu oponente tiver temperamento colérico, procure irritá-lo. Finja ser fraco, pois ele pode se tornar arrogante.

[Wang Tzu, citado por Tu Yu, diz que o bom estrategista brinca com seu adversário como um gato brinca com um camundongo, primeiro fingindo fraqueza e imobilidade, e então de repente se lançando sobre ele.]

23. Se ele está se poupando, não lhe dê descanso.

[Deve ser provavelmente nesse sentido que Mei Yao-ch'en tem a nota: "enquanto nos poupamos, espere o inimigo se cansar". O Yu Lan tem "Atraia-o para fora e o canse".]

Se as forças dele estão agrupadas, separe-as.

[Menos plausível é a interpretação favorecida pela maioria dos comentaristas: "Se soberano e súdito estiverem de acordo, crie conflito entre eles".]

24. Ataque-o onde ele não está preparado, apareça onde você não é esperado.

25. Esses dispositivos militares, que levam à vitória, não devem ser divulgados de antemão.

26. Agora, o general que ganha uma batalha faz muitos cálculos em seu templo antes que a batalha seja travada.

[Chang Yu nos conta que, em tempos antigos, era costume que um templo fosse separado para o uso de um general que estivesse prestes a ir a campo, para que pudesse ali elaborar seu plano de campanha.]

O general que perde a batalha faz poucos cálculos antes. Portanto, muitos cálculos levam à vitória, e poucos cálculos levam à derrota: quantas mais são perdidas por não terem feito nenhum cálculo! É prestando atenção a esse ponto que posso prever quem tem probabilidade de ganhar ou perder.

CAPÍTULO 2

TRAVANDO UMA GUERRA

[Ts'ao Kung fez a nota: "Quem deseja lutar deve primeiro calcular o custo", o que nos prepara para a descoberta de que o assunto do capítulo não é o que poderíamos esperar do título, mas sim, principalmente, uma consideração de meios e custos.]

1. Sun Tzu disse: Nas operações de guerra, que contam no campo com mil carruagens velozes, o mesmo número de carruagens pesadas e cem mil soldados vestindo cota de malha,

[As "carruagens velozes" tinham estrutura leve e, de acordo com Chang Yu, eram usadas para o ataque; as "carruagens pesadas" eram mais robustas e projetadas para fins defensivos. Li Ch'uan, é verdade, diz que os últimos eram leves, mas isso parece pouco provável. É interessante notar as analogias entre a arte bélica chinesa inicial e a dos gregos homéricos. Em cada caso, a carruagem de guerra foi o fator importante, formando o núcleo ao redor do qual se agrupava certo número de soldados de infantaria. Com relação aos números dados aqui, temos informações de que cada carruagem veloz era acompanhada por 75 soldados de infantaria, e cada carruagem pesada, por 25 soldados da infantaria, de modo que todo o exército seria dividido em mil batalhões, cada um consistindo de duas carruagens e cem homens.]

com provisões suficientes para sustentá-los por mil *li*,

[2,78 *li* modernos compõem uma milha. A extensão pode ter variado ligeiramente desde a época de Sun Tzu.]

as despesas de casa e as do front, incluindo entretenimento dos convidados, pequenos itens como cola e tinta, além das somas gastas em carruagens e armaduras, alcançarão o total de mil onças de prata por dia. Esse é o preço de formar um exército de cem mil homens.

2. Quando você se engaja em um combate real, se a vitória demora para vir, as armas dos homens perderão o corte, e seu ímpeto será amortecido. Se você sitiar uma cidade, vai exaurir suas forças.
3. Novamente, se a campanha for prolongada, os recursos do Estado não estarão à altura do escoamento.
4. Agora, quando suas armas estiverem cegas, seu ímpeto amortecido, sua força exaurida e seu tesouro gasto, outros chefes surgirão para tirar vantagem de sua situação. Nesse momento, nenhum homem, por mais sábio que seja, será capaz de evitar as consequências que devem advir.

5. Assim, embora tenhamos ouvido falar de pressa estúpida na guerra, a inteligência nunca foi vista associada a longos atrasos.

[Esta concisa e difícil sentença não é bem explicada por nenhum dos comentaristas. Ts'ao Kung, Li Ch'uan, Meng Shih, Tu Yu, Tu Mu e Mei Yao-ch'en têm notas no sentido de que um general, embora naturalmente estúpido, pode, mesmo assim, vencer pela pura força da rapidez. Ho Shih diz: "A pressa pode ser estúpida, mas de qualquer forma economiza energia e tesouro; operações prolongadas podem ser muito inteligentes, mas trazem calamidades a tiracolo". Wang Hsi evita a dificuldade observando: "Operações demoradas significam um exército envelhecendo, riqueza sendo gasta, um tesouro vazio e angústia entre o povo; a verdadeira inteligência depõe contra a ocorrência de tais calamidades". Chang Yu diz: "Contanto que a vitória possa ser alcançada, a pressa estúpida é preferível à lentidão inteligente". Agora Sun Tzu não diz absolutamente nada, exceto possivelmente por implicação, sobre a pressa imprudente ser melhor do que operações engenhosas, mas demoradas. O que ele diz é algo muito mais cauteloso: embora a velocidade às vezes possa ser imprudente, o atraso nunca pode ser nada além de uma tolice – no mínimo porque significa empobrecimento para a nação. Ao considerar o ponto levantado aqui por Sun Tzu, o exemplo clássico de Fabius Cunctator inevitavelmente virá à mente. Aquele general mediu deliberadamente a resistência de Roma contra a do exército isolado de Aníbal, porque lhe parecia que o último estava mais sujeito a sofrer com uma longa campanha em um país estranho. Mas é uma questão bastante discutível se suas táticas teriam sido bem-sucedidas no longo prazo. A aplicação do inverso delas levou, de fato, a Canas; mas isso apenas estabelece uma presunção negativa em seu favor.]

6. Não existe exemplo de um país que tenha se beneficiado de uma guerra longa.

7. Só quem está totalmente familiarizado com os males da guerra pode compreender completamente a maneira lucrativa de conduzi-la.

[Ou seja, com rapidez. Só quem conhece os efeitos desastrosos de uma longa guerra pode perceber a suprema importância da rapidez em encerrá-la. Apenas dois comentaristas parecem favorecer essa interpretação, mas ela se encaixa bem na lógica do contexto, ao passo que a tradução "Aquele que não conhece os males da guerra não pode apreciar seus benefícios" é nitidamente sem sentido.]

8. O soldado habilidoso não faz um segundo recrutamento, nem suas carroças de suprimentos são carregadas mais de duas vezes.

[Depois que a guerra é declarada, ele não perderá um tempo precioso esperando por reforços, nem retornará com seu exército para receber novos suprimentos, mas cruzará a fronteira do inimigo sem demora. Pode parecer uma política audaciosa para se recomendar, mas com todos os grandes estrategistas, de Júlio César a Napoleão Bonaparte, o valor do tempo — isto é, estar um pouco à frente de seu oponente — contou mais do que a superioridade numérica ou os melhores cálculos com relação ao comissariado.]

9. Traga material de guerra de casa com você, mas forrageie o inimigo. Assim, o exército terá comida suficiente para suas necessidades.

[A palavra chinesa traduzida aqui como "material de guerra" significa literalmente "coisas a serem usadas" e tem o sentido mais amplo. Inclui toda a tralha de um exército, exceto provisões.]

10. A pobreza do erário público faz com que um exército seja mantido por contribuições a distância. Contribuir para manter um exército a distância leva ao empobrecimento do povo.

[O início desta frase não se equilibra adequadamente com a próxima, embora obviamente tenha a intenção de fazê-lo. Além disso, o arranjo é tão estranho que não posso deixar de suspeitar de alguma corrupção no texto. Parece nunca ocorrer aos comentaristas chineses que uma emenda pode ser necessária para o sentido, e não obtivemos ajuda deles aqui. As palavras chinesas que Sun Tzu usou para indicar a causa do empobrecimento do povo claramente se referiam a algum sistema pelo qual os lavradores enviavam suas contribuições de milho diretamente para o exército. Mas por que deveria caber a eles manter um exército dessa forma, senão porque o Estado ou governo é muito pobre para fazê-lo?]

11. Ademais, a proximidade de um exército faz com que os preços subam; e os preços altos fazem com que o sustento do povo seja drenado.

[Wang Hsi diz que os preços altos ocorrem antes de o exército deixar seu próprio território. Ts'ao Kung entende que ocorre quando o exército já cruzou a fronteira.]

12. Quando seu sustento for drenado, o campesinato será afligido por pesadas cobranças.

13, 14. Com essa perda de sustento e exaustão de forças, as casas do povo ficarão vazias e três décimos de sua renda serão dissipados;

[Tu Mu e Wang Hsi concordam que as pessoas são multadas não em 3/10, mas em 7/10 de sua renda. Mas isso dificilmente pode ser extraído de nosso texto. Ho Shih tem uma citação característica: "Já que as *pessoas* são consideradas parte essencial do Estado e a *comida*, o paraíso das pessoas, não é certo que as autoridades valorizem e cuidem de ambos?".]

enquanto as despesas do governo com carruagens quebradas, cavalos exauridos, peitorais e capacetes, arcos e flechas, lanças e escudos, mantos de proteção, bois de carga e vagões pesados chegarão a quatro décimos de sua receita total.

15. Consequentemente, um general sábio faz questão de pilhar o inimigo. Uma carroça com as provisões do inimigo equivale a vinte das próprias e, da mesma forma,

um único *picul* de seu alimento é equivalente a vinte de seu próprio armazém.

[Porque vinte carretas serão consumidas no processo de transporte de uma carreta para o front. Um *picul* é uma unidade de medida igual a 133,3 libras (65,5 quilogramas).]

16. Agora, para matar o inimigo, nossos homens devem ser levados à raiva; para que possa haver vantagem em derrotar o inimigo, eles devem ter suas recompensas.

[Tu Mu diz: "Recompensas são necessárias para que os soldados vejam a vantagem de derrotar o inimigo; portanto, quando você captura espólios do oponente, eles devem ser usados como recompensa, para que todos os seus homens tenham o desejo de lutar, cada um por sua conta".]

17. Portanto, na luta de carruagens, quando dez ou mais carruagens foram tomadas, aqueles que tomaram a primeira deveriam ser recompensados. As bandeiras do inimigo devem ser substituídas por nossas próprias bandeiras, e as carruagens, misturadas e usadas em conjunto com as nossas. Os soldados capturados devem ser tratados e mantidos com gentileza.

18. Isso é chamado de usar o inimigo conquistado para aumentar a própria força.

19. Na guerra, então, deixe seu grande objetivo ser a vitória, não longas campanhas.

[Como Ho Shih observa: "A guerra não é algo com que se possa brincar". Sun Tzu aqui reitera a lição principal que este capítulo pretende reforçar.]

20. Assim, pode-se saber que o líder dos exércitos é o árbitro do destino do povo, o homem de quem depende a paz ou o perigo em que se encontra a nação.

CAPÍTULO 3

ATAQUE POR ESTRATAGEMAS

1. Sun Tzu disse: Na arte prática da guerra, o melhor de tudo é tomar o país do inimigo inteiro e intacto; despedaçá-lo e destruí-lo não é bom. Portanto, também é melhor recapturar um exército inteiro do que o destruir, capturar um regimento, um destacamento ou uma companhia inteira do que os destruir.

[O equivalente a um corpo de exército, de acordo com Ssu-ma Fa, consiste nominalmente em 12.500 homens; de acordo com Ts'ao Kung, o equivalente a um regimento continha 500 homens, o equivalente a um destacamento consistia em qualquer número entre 100 e 500, e o equivalente a uma companhia continha de 5 até 100 homens. Para os dois últimos, no entanto, Chang Yu fornece os números exatos de 100 e 5, respectivamente.]

2. Dessa forma, lutar e vencer todas as suas batalhas não é a excelência suprema; a excelência suprema consiste em quebrar a resistência do inimigo sem lutar.

[Aqui, novamente, nenhum estrategista moderno deixaria de aprovar as palavras do velho general chinês. O maior triunfo de Moltke, a capitulação do enorme exército francês em Sedan, foi conquistado praticamente sem derramamento de sangue.]

3. Assim, a forma mais elevada de comando é frustrar os planos do inimigo;

[Talvez a palavra "frustrar" não seja suficiente para expressar a força da palavra chinesa, que implica não uma atitude de defesa, pela qual a pessoa ficaria contente em frustrar as estratégias do inimigo uma após a outra, mas sim uma política ativa de contra-ataque. Ho Shih deixa isso bem claro em sua nota: "Quando o inimigo faz um plano de ataque contra nós, devemos nos antecipar a ele desferindo nosso próprio ataque antes".]

a segunda melhor é evitar que as forças inimigas se agrupem;

[Isolar o inimigo de seus aliados. Não podemos esquecer que Sun Tzu, falando de hostilidades, sempre tinha em mente os vários estados e principados em que a China daquele tempo estava dividida.]

e a terceira melhor é atacar o exército do inimigo em campo aberto;

[Quando ele já está com sua força máxima.]

e a pior política de todas é sitiar cidades muradas.

4. A regra é não sitiar cidades muradas, se isso puder ser evitado.

[Outra boa teoria militar. Se os bôeres tivessem agido de acordo com isso em 1899, e evitado dissipar suas forças antes de Kimberley, Mafeking ou mesmo Ladysmith, é mais do que provável que teriam dominado a situação antes que os britânicos estivessem prontos para se opor a eles.]

A preparação de manteletes,[1] abrigos móveis e vários implementos de guerra leva até três meses inteiros;

[Não está bem claro o que a palavra chinesa aqui traduzida como "mantelete" descrevia. Ts'ao Kung os define simplesmente como "escudos grandes", mas conseguimos uma ideia melhor sobre eles com Li Ch'uan, que diz que serviam para proteger as cabeças daqueles que atacavam de perto as muralhas da cidade. Isso parece sugerir uma formação tartaruga romana pré-fabricada.[2] Tu Mu diz que eles eram veículos sobre rodas usados para repelir ataques, mas isso é negado por Ch'en Hao. Ver no *Supracitado* 2, 14. O nome também é aplicado a torretas nas muralhas das cidades. Dos "abrigos móveis" temos várias descrições bem claras de vários comentaristas. Eram estruturas de madeira à prova de projéteis, sobre quatro rodas, impulsionadas de dentro, co-

---

[1] Manteletes são escudos móveis. (N.T.)

[2] Consistia em dispor os escudos bem juntos uns dos outros, formando um teto com eles. (N.T.)

bertas com peles cruas e usadas em cercos para transportar grupos de homens de e para as muralhas, com o objetivo de encher de terra o fosso circundante. Tu Mu acrescenta que agora eles são chamados de "burros de madeira".]

e o empilhamento de terra contra as muralhas levará mais três meses.

[Estes eram grandes montes ou rampas de terra amontoada até o nível das muralhas inimigas para descobrir pontos fracos em suas defesas e para destruir as torretas reforçadas citadas na nota anterior.]

5. O general, incapaz de controlar sua irritação, lançará seus homens ao ataque como um mar de formigas,

[Essa vívida analogia de Ts'ao Kung é tirada da observação de um exército de formigas escalando uma parede. O significado é que o general, perdendo a paciência pela longa demora, pode fazer uma tentativa prematura de tomar o lugar de assalto antes que suas máquinas de guerra estejam prontas.]

resultando em um terço de seus homens sendo massacrados, enquanto a cidade permanece não conquistada. Esses são os desastrosos efeitos de um cerco.

[Somos lembrados das terríveis perdas dos japoneses diante de Port Arthur, no mais recente cerco que a história registra.[3]]

---

[3] O cerco de Saravejo, de 1992, é considerado o mais recente. (N.E.)

6. Portanto, o líder habilidoso subjuga as tropas inimigas sem luta; ele captura as cidades inimigas sem as sitiar; ele derruba o reino sem longas campanhas no campo de batalha.

[Chia Lin nota que ele apenas derruba o governo, mas não faz mal aos indivíduos. O caso clássico é Wu Wang, que, depois de colocar um fim na dinastia Yin, foi aclamado "pai e mãe do povo".]

7. Com suas forças intactas, ele disputará o domínio do Império, e então, sem perder nenhum homem, seu triunfo estará completo.

[Pelos duplos significados no texto chinês, a última parte da sentença é suscetível a muitos significados diferentes: "assim a arma, não sendo danificada pelo uso, permanece perfeita e afiada".]

Esse é o método de ataque por estratagemas.

8. É regra na guerra, se nossas forças forem dez vezes maiores que as do inimigo, que o cerquem; se forem cinco vezes maiores, que o ataquem;

[Imediatamente, sem esperar nenhuma outra vantagem.]

caso sejam duas vezes maiores, que nosso exército se divida em dois.

[Tu Mu discorda desse dito; e à primeira vista, com certeza, parece violar um princípio fundamental da guerra. Ts'ao Kung, entretanto, dá uma pista para o que Sun Tzu quis dizer: "Sendo dois contra um do inimigo, devemos usar uma parte de nosso exército de forma normal e a outra parte para alguma distração especial". Chung Yu elucida melhor o ponto: "Se nossas forças forem duas vezes mais numerosas que as do inimigo, devem ser separadas em duas divisões: uma para encontrar o inimigo de frente e outra para ir até sua retaguarda; se ele responder com um ataque frontal, deve ser esmagado pela retaguarda; se ele atacar a retaguarda, será esmagado pela frente". Era isso que se queria dizer com "uma parte deve ser usada de forma normal e a outra para algum tipo de distração especial". Tu Mu não entende que dividir um exército é simplesmente irregular, assim como concentrá-lo é o método regular e estratégico, e é muito precipitado chamar isso de erro.]

9. Se em igualdade de condições, podemos oferecer batalha;

[Li Ch'uan, seguido por Ho Shih, fornece a seguinte paráfrase: "Se os atacantes e os atacados tiverem a mesma força, apenas o general capaz lutará".]

se ligeiramente inferiores em número, podemos evitar o inimigo;

[O significado "podemos *vigiar* o inimigo" é certamente uma grande melhoria em relação à frase sob análise; mas, infelizmente, parece não haver nenhuma autoridade muito boa para a variante. Chang Yu nos lembra que o ditado só se aplica se os outros fatores forem iguais; uma pequena diferença nos números é frequentemente mais do que contrabalançada por energia e disciplina superiores.]

se bastante desiguais em todos os sentidos, podemos fugir dele.

10. Consequentemente, embora uma luta obstinada possa ser travada por uma força pequena, no final ela deve ser capturada pela força maior.

11. Agora o general é o baluarte do Estado; se o baluarte está completo em todos os pontos, o Estado será forte; se o baluarte tiver falhas, o estado será fraco.

[Como Li Ch'uan resumidamente diz: "A lacuna indica deficiência; se a habilidade do general não for perfeita (ou seja, se ele não for totalmente versado em sua profissão), seu exército perderá força".]

12. Existem três maneiras pelas quais um governante pode trazer infortúnio para seu exército:

13. (1) Ao comandar o exército para avançar ou recuar, ignorando o fato de que ele não pode obedecer. Isso é chamado de aleijar o exército.

[Li Ch'uan acrescenta o comentário: "É como amarrar as pernas de um puro-sangue, de modo que ele não consegue galopar". Alguém naturalmente pensaria no "governante" nessa passagem como estando em casa e tentando dirigir os movimentos de seu exército a distância. Mas os comentaristas entendem exatamente o contrário e citam o ditado de T'ai Kung: "Um reino não deve ser governado de fora, e o exército não deve ser dirigido de dentro". Claro, é verdade que, durante um confronto, ou quando em contato próximo com o inimigo, o general não deve estar no meio de suas próprias tropas, mas a uma pequena distância um do outro. Caso contrário, ele estará sujeito a julgar mal a posição como um todo e dar ordens erradas.]

14. (2) Tentando governar um exército da mesma forma que administra um reino, ignorando as condições que prevalecem em um exército. Isso causa inquietação na mente do soldado.

[A nota de Ts'ao Kung é, em tradução livre: "A esfera militar e a esfera civil são totalmente distintas; você não pode lidar com um exército com luvas de pelica". E Chang Yu diz: "Humanidade e justiça são os princípios com os quais governar um Estado, mas não um exército; oportunismo e flexibilidade, por sua vez, são virtudes militares, não civis, para assimilar no governo de um exército" – comparado ao de um Estado, destaque-se.]

15. (3) Empregando os oficiais de seu exército sem discriminação,

[Ou seja, ele não é cuidadoso para usar o homem certo no lugar certo.]

pela ignorância dos princípios militares da adaptabilidade às circunstâncias. Isso abala a confiança dos soldados.

[Concordo com Mei Yao-ch'en aqui. Os outros comentaristas referem-se não ao governante, como nos parágrafos 13 e 14, mas aos oficiais empregados por ele. Assim diz Tu Yu: "Se um general é ignorante sobre o princípio da adaptabilidade, ele não deve receber nenhuma posição de autoridade". Tu Mu cita: "O empregador habilidoso empregará o sábio, o bravo, o ambicioso e o estúpido. Porque o sábio se delicia em estabelecer seu mérito, o corajoso gosta de mostrar sua coragem em ação, o ambicioso é rápido em aproveitar uma vantagem, e o estúpido não tem medo da morte".]

16. Mas quando o exército está inquieto e desconfiado, com certeza problemas virão de outros príncipes feudais. Isso é simplesmente levar anarquia para dentro do exército e jogar a vitória para longe.

17. Assim, podemos saber que existem cinco elementos essenciais para a vitória: (1) Vencerá aquele que souber quando lutar e quando não lutar.

[Chang Yu diz: se ele pode lutar, avança e toma a ofensiva; se não pode lutar, recua e permanece na defensiva. Quem sabe se é certo tomar a ofensiva ou a defensiva invariavelmente conquistará.]

(2) Vencerá aquele que souber como lidar com forças superiores e inferiores.

[Isso não é apenas a capacidade do general de estimar os números corretamente, como Li Ch'uan e outros fazem. Chang Yu expande o ditado de forma mais satisfatória: "Ao aplicar a arte da guerra, é possível, com uma força menor, derrotar outra maior, e vice-versa. O segredo está em ter um olhar bom para locais e em não deixar escapar o momento certo. Assim, Wu Tzu diz: 'Com uma força superior, busque um terreno fácil; com uma força inferior, busque um terreno difícil'".]

(3) Vencerá aquele cujo exército estiver animado pelo mesmo espírito em todas as suas fileiras.

(4) Vencerá aquele que, preparado, aguardar para pegar o inimigo desprevenido.

(5) Vencerá aquele que tiver capacidade militar e não sofrer interferência do soberano.

[Tu Yu cita Wang Tzu dizendo: "É função do soberano dar instruções gerais, mas decidir sobre a batalha é função do general". É desnecessário falar sobre os desastres militares que foram causados por interferência indevida nas operações de campo por parte do governo local. Napoleão, sem dúvida, deve muito de seu extraordinário sucesso ao fato de não ser prejudicado pela autoridade central.]

18. Daí o ditado: se você conhece o inimigo e conhece a si mesmo, não precisa temer o resultado de uma centena de batalhas. Se conhece a si mesmo, mas não o inimigo, para cada vitória conquistada, também sofrerá uma derrota.

[Li Ch'uan cita o caso de Fu Chien, príncipe de Ch'in, que em 383 d.C. marchou com um vasto exército contra o imperador Chin. Quando advertido a não desprezar um inimigo que podia comandar os serviços de homens como Hsieh An e Huan Ch'ung, ele respondeu com jactância: "Tenho a população de oito províncias me seguindo, infantaria e cavalaria que chegam a um milhão; ora, eles poderiam represar o próprio rio Yang-Tsé simplesmente jogando seus chicotes no riacho. Que perigo devo temer?". Mesmo assim, suas forças foram desastrosamente derrotadas no rio Fei, e ele foi obrigado a bater em retirada acelerada.]

Se você não conhecer a si mesmo nem ao inimigo, sucumbirá em toda batalha.

[Chang Yu disse: "Conhecer o inimigo permite que você tome a ofensiva, conhecer a si mesmo permite que você fique na defensiva". Ele acrescenta: "O ataque é o segredo da defesa; a defesa é o planejamento de um ataque". Seria difícil encontrar um epítome melhor do princípio básico da guerra.]

CAPÍTULO 4

DISPOSIÇÕES TÁTICAS

[Ts'ao Kung explica o significado chinês das palavras para o título deste capítulo: "marcha e contramarcha da parte dos dois exércitos com o objetivo de descobrir as condições um do outro". Tu Mu diz: "É por meio das disposições de um exército que sua condição pode ser descoberta. Esconda suas disposições, e sua condição permanecerá secreta, o que leva à vitória; mostre suas disposições, e sua condição estará patente, o que leva à derrota". Wang Hsi observa que o bom general pode "garantir o sucesso modificando suas táticas para enfrentar as do inimigo".]

1. Sun Tzu disse: Os bons combatentes de antigamente primeiro se colocavam além da possibilidade de derrota, então esperavam pela oportunidade de derrotar o inimigo.
2. Proteger a nós mesmos contra a derrota está em nossas próprias mãos, mas a oportunidade de derrotar o inimigo é fornecida pelo próprio inimigo.

[Obviamente, por um erro da parte do inimigo.]

3. Assim, o bom combatente é capaz de se assegurar contra a derrota,

   [Chang Yu diz que isso é feito "escondendo a disposição de suas tropas, cobrindo seus rastros e tomando incessantes precauções".]

   mas não pode garantir a derrota do inimigo.

4. Daí o ditado: É possível *saber* como conquistar sem ser capaz de *fazê-lo* de fato.

5. Segurança contra a derrota implica táticas defensivas; habilidade para derrotar o inimigo significa tomar a ofensiva.

   [Apoio o sentido encontrado em uma passagem similar nos parágrafos 1-3, apesar dos comentaristas estarem todos contra mim. O significado que eles dão, "Aquele que não pode conquistar toma a defensiva", é bastante plausível.]

6. Posicionar-se na defensiva indica força insuficiente; atacar sinaliza força superabundante.

7. O general que é habilidoso em se defender se esconde nos recônditos mais secretos da terra;

   [Literalmente, "se esconde nos confins do mundo", que é uma metáfora indicando grande sigilo e ocultação, para que o inimigo não saiba sua localização.]

   aquele que é habilidoso em ofensivas se joga das maiores alturas celestiais.

   [Outra metáfora, implicando que ele cai sobre seus inimigos como um raio, contra o qual não há tempo para se preparar. Essa é a opinião da maioria dos comentaristas.]

Assim, por um lado, temos a habilidade de nos proteger; por outro, uma vitória que é completa.

8. Enxergar a vitória apenas quando esta é óbvia ao rebanho comum não é o apogeu da excelência.

[Como observa Ts'ao Kung, "o que importa é ver a planta antes de germinar", prever o evento antes que a ação tenha começado. Li Ch'uan alude à história de Han Hsin, que, quando estava prestes a atacar o imensamente superior exército de Chao, fortemente entrincheirado na cidade de Ch'eng-an, disse aos seus oficiais: "Senhores, vamos aniquilar o inimigo e devemos nos reunir novamente no jantar". Os oficiais mal levaram suas palavras a sério e concordaram de modo muito duvidoso. Mas Han Hsin já havia elaborado em sua mente os detalhes de um estratagema inteligente, pelo qual, como ele previu, foi capaz de capturar a cidade e impor uma derrota esmagadora ao seu adversário.]

9. Também não é o apogeu da excelência se você luta e conquista e o Império todo diz: "Muito Bem!".

[A verdadeira excelência sendo, como diz Tu Mu, "Planejar secretamente, mover-se sorrateiramente, frustrar as intenções dos inimigos e impedir seus esquemas, para que então o dia termine em vitória sem nenhuma gota de sangue derramada". Sun Tzu reserva sua aprovação para coisas que o resto das pessoas nem sequer imagina.]

10. Erguer um pelo outonal não é sinal de grande força;

["Pelo outonal" é explicado como a pelagem da lebre, que é mais fina no outono, quando começa a crescer nova pelagem. A frase é muito comum entre escritores chineses.]

enxergar a lua e o sol não é sinal de visão aguçada; ouvir o barulho do trovão não é sinal de audição apurada.

[Ho Shih dá como exemplos reais de força, visão aguçada e audição apurada: Wu Huo, que podia levantar um tripé de uma tonelada e meia; Li Chu, que a uma distância de cem passos podia ver objetos do tamanho de um grão de mostarda; e Shih K'uang, um músico cego que conseguia ouvir os passos de um mosquito.]

11. O que os antigos chamavam de um combatente astuto é aquele que não apenas ganha, mas se destaca vencendo com facilidade.

[A última parte é literalmente "alguém que, ao conquistar, destaca-se na conquista fácil". Mei Yao-ch'en diz: "Aquele que enxerga apenas o óbvio vence suas batalhas com dificuldade; aquele que olha para além da superfície das coisas vence com facilidade.]

12. Portanto, suas vitórias não lhe trazem nem reputação de sabedoria, nem crédito por coragem.

[Tu Mu explica isso muito bem: "Uma vez que suas vitórias são obtidas por causa de circunstâncias que não vieram à tona, o mundo todo nada sabe sobre elas, e ele não ganha reputação de sabedoria; uma vez que o estado hostil se submete antes mesmo de haver qualquer derramamento de sangue, ele não recebe crédito por coragem".]

13. Ele ganha suas batalhas por não cometer nenhum erro.

[Ch'en Hao diz: "Ele não planeja marchas supérfluas, ele não inventa ataques fúteis". A conexão de ideias é assim explicada por Chang Yu: "Aquele que busca conquistar por pura força, por mais inteligente que seja para vencer batalhas campais, também pode ocasionalmente ser vencido; enquanto aquele que pode olhar para o futuro e discernir as condições que ainda não se manifestaram nunca cometerá um erro e, portanto, invariavelmente ganhará".]

Não cometer erros é o que estabelece a certeza da vitória, porque isso significa conquistar um inimigo que já está derrotado.

14. Portanto, o combatente habilidoso se coloca em uma posição que torna a derrota impossível e não perde o momento de derrotar o inimigo.

[Um "conselho de perfeição", como Tu Mu verdadeiramente observa. A "posição" não precisa ser confinada ao terreno real ocupado pelas tropas. Ela inclui todos os arranjos e preparações que um general sábio fará para aumentar a segurança de seu exército.]

15. Assim é que na guerra o estrategista vitorioso busca a batalha apenas depois de conquistada a vitória, enquanto aquele que está destinado à derrota primeiro luta e depois busca a vitória.

[Ho Shih explica assim o paradoxo: "Na guerra, primeiro estabeleça planos que garantirão a vitória e, em seguida, conduza seu exército para a batalha; se você não começar com um estratagema, mas confiar apenas na força bruta, a vitória não será mais garantida".]

16. O líder consumado cultiva a lei moral e segue estritamente o método e a disciplina; portanto, está em seu poder controlar o sucesso.

17. No que diz respeito ao método militar, temos, em primeiro lugar, a Medição; em segundo lugar, a Estimativa de quantidade; em terceiro lugar, o Cálculo; em quarto lugar, Equilíbrio de chances; em quinto lugar, a Vitória.

18. A Medição deve sua existência à Terra; a Estimativa de quantidade, à medição; o Cálculo, à Estimativa de quantidade; o Equilíbrio de chances, ao Cálculo; e a Vitória, ao Equilíbrio de chances.

[Não é fácil distinguir os quatro termos claramente em chinês. O primeiro parece ser a observação e a medição do terreno, o que nos possibilita formar uma estimativa das forças do inimigo e fazer cálculos baseados nas informações obtidas; somos assim levados à avaliação geral das chances do inimigo em relação às nossas; se a balança pender para o lado das nossas, então a vitória ocorrerá. A principal dificuldade reside no terceiro termo, que em chinês alguns comentaristas consideram um cálculo de *números*, tornando-o quase sinônimo do segundo termo. Talvez o segundo termo deva ser pensado como uma consideração da posição ou condição geral do inimigo, enquanto o terceiro termo é a estimativa de sua força numérica. De outra maneira, Tu Mu diz: "Resolvida a questão da força relativa, podemos colocar em jogo os diversos recursos da astúcia". Ho Shih confirma essa interpretação, mas a enfraquece. No entanto, ele entende o terceiro termo como um cálculo de números.]

19. Um exército vitorioso em oposição a um derrotado é como um peso de meio quilo colocado na balança contra um único grão.

[Literalmente, "um exército vitorioso é como um *i* (meio quilo) pesado contra um *shu* (0,05 gr); um exército derrotado é um *shu* pesado contra um *i*". A questão é simplesmente a enorme vantagem que uma força disciplinada, lavada com a vitória, tem sobre uma força desmoralizada pela derrota. Legge, em sua nota sobre Mêncio, I. 2. ix. 2, torna o *i* igual a 24 onças chinesas e corrige a declaração de Chu Hsi de que era apenas 20 onças. Mas Li Ch'uan, da dinastia T'ang, dá aqui o mesmo valor que Chu Hsi.]

20. O avanço de uma força conquistadora é como o estouro de águas reprimidas sobre um abismo de mil braças de profundidade.

CAPÍTULO 5

ENERGIA

1. Sun Tzu disse: O controle de uma grande força é o mesmo princípio do controle de alguns homens: é mera questão de dividir seus números.

   [Ou seja, dividir o exército em regimentos, companhias etc., com oficiais subordinados no comando de cada. Tu Mu nos lembra da famosa resposta de Han Hsin ao primeiro imperador Han, que lhe disse certa vez: "Quão numeroso é o exército que você acha que posso liderar?". "Não mais que cem mil homens, Vossa Majestade." "E você?", perguntou o imperador. "Ah!" ele respondeu. "Quanto mais, melhor."]

2. Lutar com um grande exército sob seu comando não é muito diferente de lutar com um pequeno: é mera questão de instituir símbolos e sinais.

3. Assegurar que suas linhas possam suportar o ataque do inimigo e permanecer inabaladas – isso é feito por meio de manobras diretas e indiretas.

[Chegamos agora a uma das partes mais interessantes do tratado de Sun Tzu: a discussão sobre o *cheng* e o *ch'i*. Como não é, de forma alguma, simples de entender o significado completo desses dois termos, ou traduzi-los consistentemente para bons equivalentes em português, pode ser bom tabular algumas das considerações dos comentaristas sobre o assunto antes de prosseguir. Li Ch'uan: "Encarar o inimigo é *cheng*, flanquear é *ch'i*". Chia Lin: "Na presença do inimigo, suas tropas devem ser arranjadas de forma convencional, mas, para se conseguir a vitória, manobras não convencionais devem ser aplicadas". Mei Yao-ch'en: "*Ch'i* é ativo, *cheng* é passivo; passividade significa esperar por uma oportunidade, atividade traz a vitória por si". Ho Shih: "Devemos fazer com que o inimigo considere nosso ataque direto como secretamente planejado, e vice-versa; assim *cheng* pode ser também *ch'i*, e *ch'i* pode ser também *cheng*". Ele exemplifica com a famosa façanha de Han Hsin, que marchou ostensivamente contra Lin-chin (agora Chao-i em Shensi), e repentinamente lançou vários soldados por meio do rio Amarelo em banheiras de madeira, desconcertando de forma profunda seu oponente. [Ch'ien Han Shu, capítulo 3.] Aqui, explicam-nos, a marcha sobre Lin-chin foi *cheng*, e a manobra surpresa foi *ch'i*. Chang Yu nos dá o seguinte sumário de opiniões sobre essas palavras: "Escritores militares não concordam sobre o significado de *ch'i* e *cheng*. Wei Liao Tzu [séc. 4 a.C.] disse: 'Guerras diretas favorecem ataques frontais, guerras indiretas, ataques pela retaguarda'. Ts'ao

Kung disse: 'Juntar-se diretamente à batalha é uma operação direta; aparecer na retaguarda do inimigo é uma manobra indireta'. Li Wei-kung [séc. 6 e 7 d.C.] disse: 'Na guerra, marchar diretamente à frente é *cheng*; movimentos de rotação, por outro lado, são *ch'i*'. Esses escritores simplesmente consideram *cheng* como *cheng*, e *ch'i* como *ch'i*; eles não notam que ambos são mutualmente intercambiáveis e se encontram como os dois lados de um círculo [ver *infra*, parágrafo 11]. Um comentário sobre o imperador T'ang T'ai Tsung vai na raiz da questão: 'Uma manobra *ch'i* pode ser *cheng*, se fizermos o inimigo enxergá-la como *cheng*; então nosso verdadeiro ataque será *ch'i*, e vice-versa. Todo segredo está em confundir o inimigo, para que assim ele não possa conceber nossas reais intenções'". Para deixar talvez um pouco mais claro: todo ataque ou outra operação é *cheng* quando prende a atenção do inimigo; do contrário é *ch'i*, quando ele é pego de surpresa ou vem de um lugar inesperado. Se um inimigo percebe um movimento que deveria ser *ch'i*, ele imediatamente se torna um *cheng*.]

4. Que o impacto do seu exército pode ser como uma pedra de amolar atirada contra um ovo – isso é efetuado pela ciência dos pontos fracos e fortes.
5. Em toda guerra, o método direto deve ser usado para se juntar à batalha, mas métodos indiretos serão necessários para que se assegure a vitória.

[Chang Yu diz: "Desenvolva táticas indiretas com constância, castigando o flanco inimigo ou indo para sua retaguarda". Um exemplo brilhante de "tática indireta" que decidiu a sorte de uma campanha foi a marcha noturna de Lord Roberts ao redor de Peiwar Kotal na segunda guerra afegã.[1]]

6. Táticas indiretas, aplicadas de maneira eficiente, são inesgotáveis como o Céu e a Terra, infinitas como o fluxo dos rios e córregos; como o sol e a lua, eles terminam, mas começam novamente; como as quatro estações, elas passam para retornar mais uma vez.

[Tu Yu e Chang Yu entendem isso como as permutações do *ch'i* e *cheng*. Mas, no presente momento, Sun Tzu não está falando sobre *cheng*, a não ser, claro, que suponhamos com Cheng Yu-hsien que uma seção relacionada a ele foi deixada fora do texto. Obviamente, como já foi apontado, os dois são tão inextricavelmente entrelaçados em todas as operações militares que não podem ser considerados em separado. Aqui temos apenas uma expressão, em linguagem figurada, do quase infinito repertório de um grande líder.]

7. Não existem mais do que cinco notas musicais, ainda assim, a combinação dessas cinco cria mais melodias do que poderemos ouvir.

8. Não existem mais do que cinco cores primárias (azul, amarelo, vermelho, branco e preto), ainda assim, combinadas, produzem mais tonalidades do que poderemos ver.

---

1 "Quarenta e um anos na Índia", capítulo 46.

9. Não existem mais do que cinco gostos cardinais (azedo, ácido, salgado, doce, amargo), ainda assim, combinações deles criam mais sabores do que podem ser experimentados.
10. Na batalha, não existem mais do que dois métodos de ataque – o direto e o indireto; ainda assim, estes, combinados, dão origem a infindáveis séries de manobras.
11. O direto e o indireto levam um ao outro cada qual com seu turno. É como se mover em círculo – você nunca vai chegar ao fim. Quem pode exaurir as possibilidades de suas combinações?
12. O ataque das tropas é como o ímpeto de uma torrente que desloca até pedras em seu caminho.
13. A qualidade de uma decisão é como o movimento cronometrado de um falcão que lhe possibilita atacar e destruir sua vítima.

    [O chinês aqui é complicado, e certa palavra-chave usada no contexto em que é usada desafia os maiores esforços do tradutor. Tu Mu define essa palavra como "a medida ou estimativa de distância". Mas esse significado não se encaixa bem no símile ilustrativo no parágrafo 15. Aplicar essa definição ao falcão parece-me denotar que é o instinto de *autocontrole*, que previne o pássaro de atacar até o momento exato, junto do poder de julgamento de quando o momento certo chegou. A qualidade análoga nos soldados é a altamente importante capacidade de preservar o ataque até o último minuto, quando terá a maior eficácia. Quando o *Victory* entrou em ação em Trafalgar em um ritmo um pouco mais rápido que o de deriva, ficou exposto por vários minutos a tiros e morteiros antes de responder com um só canhão. Nelson calmamente esperou até estar a uma curta distância, quando os canhões laterais de sua embarcação causaram uma devastação terrível às embarcações inimigas mais próximas.]

14. Portanto, o bom combatente será terrível em seu ataque e rápido em suas decisões.

[A palavra "decisões" faria referência à medida de distância mencionada anteriormente, deixando o inimigo se aproximar antes de atacar. Mas não posso evitar de pensar que Sun Tzu quis usar a palavra de forma figurativa, comparável ao nosso "curto e grosso". A nota de Wang Hsi, depois de destacar a forma de ataque do falcão, continua: "É dessa forma que o 'momento psicológico' deve ser aproveitado na guerra".]

15. A energia pode ser comparada ao curvar de uma besta; a decisão, ao apertar de um gatilho.

[Nenhum dos comentaristas parece captar o verdadeiro significado do exemplo da energia e força acumuladas no curvar de uma besta até ser liberada pelo dedo no gatilho.]

16. Em meio à turbulência e ao tumulto da batalha, pode haver aparente desordem e ainda assim não existir desordem nenhuma; em meio à confusão e ao caos, sua disposição pode parecer sem pé nem cabeça; ainda assim, será à prova de derrota.

[Mei Yao-ch'en diz: "As subdivisões do exército previamente fixadas, os vários sinais acordados, a separação e o ajuntamento, a dispersão e o agrupamento que ocorrerão no curso de uma batalha podem dar a aparência de desordem, quando nenhuma desordem real é possível. Sua formação pode ser sem pé nem cabeça, suas disposições, todas confusas, e ainda assim uma derrota de suas forças está totalmente fora de questão".]

17. Desordem simulada postula a disciplina perfeita, medo simulado postula coragem, fraqueza simulada postula força.

[Para tornar a tradução inteligível, é necessário atenuar a forma paradoxal do original. Ts'ao Kung dá uma dica do significado em sua breve nota: "Todas essas coisas servem para destruir a formação e ocultar a condição de alguém". Mas Tu Mu é o primeiro a colocá-lo claramente: "Se você deseja fingir confusão a fim de atrair o inimigo, deve primeiro ter disciplina perfeita; se deseja mostrar timidez a fim de prender o inimigo, deve ter coragem extrema; se deseja exibir sua fraqueza para deixar o inimigo confiante demais, deve ter força de sobra".]

18. Esconder ordem sob o manto da desordem é simplesmente uma questão de subdivisão;

[Ver *supra*, parágrafo 1.]

esconder coragem sob uma demonstração de timidez pressupõe um fundo de energia latente;

[Os comentaristas entendem fortemente certa palavra chinesa aqui de forma diferente do que em qualquer outro lugar neste capítulo. Assim, Tu Mu diz: "Vendo que estamos em circunstâncias favoráveis e ainda assim não fazemos nenhum movimento, o inimigo acreditará que estamos realmente com medo".]

mascarar a força com fraqueza deve ser realizado por disposições táticas.

[Chang Yu relata a seguinte anedota de Kao Tsu, o primeiro imperador Han: "Desejando esmagar os Hsiung-nu, ele enviou espiões para relatar a condição deles. Mas os Hsiung-nu, avisados, esconderam cuidadosamente todos os seus homens saudáveis e cavalos bem alimentados e só permitiram que soldados enfermos e gado magro fossem vistos. O resultado foi que todos os espiões recomendaram ao imperador que desferisse seu ataque. Lou Ching sozinho se opôs a eles, dizendo: 'Quando dois países vão à guerra, eles são naturalmente inclinados a fazer uma exibição ostensiva de sua força. No entanto, nossos espiões não viram nada além da velhice e enfermidade. Isso certamente é algum estratagema da parte do inimigo, não seria sensato atacarmos'. O imperador, no entanto, desconsiderando esse conselho, caiu na armadilha e se viu cercado em Po-teng".]

19. Assim, aquele que é hábil em manter o inimigo em movimento mantém uma aparência enganosa, de acordo com a qual o inimigo agirá.

[A nota de Ts'ao Kung é "Faça uma demonstração de fraqueza e carestia". Tu Mu diz: "Se nossa força for superior à do inimigo, a fraqueza pode ser simulada para atraí-lo; mas se for inferior, ele deve ser levado a acreditar que somos fortes, para que possa se manter afastado. Na verdade, todos os movimentos do inimigo devem ser determinados pelos sinais que escolhemos dar a ele". Observe a seguinte anedota de Sun Pin, um descendente de Sun Wu: em 341 a.C., o estado de Ch'i, estando em guerra com Wei, enviou T'ien Chi e Sun Pin contra o general P'ang Chuan, que por acaso era inimigo pessoal mortal do último. Sun Pin disse: "O Estado de Ch'i tem a reputação de covardia, portanto, nosso adversário nos despreza. Vamos levar essa circunstância em consideração". Consequentemente, quando o exército cruzou a fronteira com o território de Wei, ele deu ordens para mostrar cem mil fogueiras na primeira noite, cinquenta mil na próxima e, na noite seguinte, apenas vinte mil. P'ang Chuan os perseguiu com veemência, dizendo a si mesmo: "Eu sabia que esses homens de Ch'i eram covardes: o número deles já caiu para mais da metade". Em sua retirada, Sun Pin chegou a um desfiladeiro estreito, que ele calculou que seus perseguidores alcançariam após o anoitecer. Aqui ele pegou uma árvore e removeu sua casca e inscreveu nela as palavras: "Debaixo desta árvore P'ang Chuan morrerá". Então, quando a noite começou a cair, ele colocou um forte corpo de arqueiros em uma emboscada por perto, com ordens de atirar diretamente se avistassem uma luz. Mais tarde, P'ang Chuan chegou ao local e, notando a árvore, acendeu uma luz para ler o que estava escrito nela. Seu corpo foi imediatamente crivado por uma saraivada de flechas, e todo o seu exército caiu em confusão. – Essa é a versão de Tu Mu da história; o *Shih Chi*, de forma menos dramática, mas provavelmente com mais verdade histórica, faz P'ang Chuan cortar a própria garganta com uma exclamação de desespero, após a derrota de seu exército.]

Ele sacrifica algo que o inimigo possa fisgar.

20. Ao oferecer iscas, ele o mantém em marcha; então, com um corpo de homens escolhidos, ele o espera.

[Com uma emenda sugerida por Li Ching, lê-se então: "Ele fica à espreita com o corpo principal de suas tropas".]

21. O combatente inteligente busca o efeito da energia combinada e não exige muito dos indivíduos.

[Tu Mu diz: "Ele primeiro considera o poder de seu exército no total; depois leva em conta o talento individual e usa cada homem de acordo com suas capacidades. Ele não exige perfeição dos sem talento".]

Daí sua capacidade de escolher os homens certos e utilizar a energia combinada.

22. Quando ele utiliza energia combinada, seus guerreiros tornam-se como se fossem troncos ou pedras rolando. Pois é da natureza de um tronco ou pedra permanecer imóvel em terreno plano e mover-se quando está em uma encosta; se for quadrado, ele acaba parando, mas, se for arredondado, continua rolando.

[Ts'au Kung chama isso de "o uso do poder natural ou inerente".]

23. Assim, a energia desenvolvida por bons guerreiros é como o ímpeto de uma pedra redonda rolada montanha abaixo com milhares de metros de altura. É o suficiente sobre o assunto da energia.

[A principal lição deste capítulo, na opinião de Tu Mu, é a suprema importância na guerra de evoluções rápidas e ímpetos repentinos. "Grandes resultados", acrescenta, "podem, assim, ser alcançados com pequenas forças."]

CAPÍTULO 6

PONTOS FRACOS E FORTES

[Chang Yu tenta explicar a sequência dos capítulos da seguinte forma: "Capítulo 4, sobre Disposições Táticas, tratou da ofensiva e da defensiva; capítulo 5, sobre Energia, tratou de métodos diretos e indiretos. O bom general se familiariza primeiro com a teoria do ataque e da defesa, depois volta sua atenção para os métodos diretos e indiretos. Ele estuda a arte de variar e combinar esses dois métodos antes de passar ao tema dos pontos fortes e fracos. Pois o uso de métodos diretos ou indiretos surge de ataque e defesa, e a percepção dos pontos fracos e fortes depende novamente dos métodos acima. Portanto, o presente capítulo vem imediatamente após o capítulo sobre Energia".]

1. Sun Tzu disse: Quem for o primeiro a chegar no campo e aguardar a chegada do inimigo estará descansado para a luta; quem for o segundo no campo e tiver de se apressar para a batalha chegará exausto.

2. Portanto, o combatente inteligente impõe sua vontade ao inimigo, mas não permite que a vontade do inimigo seja imposta a ele.

   [Uma das marcas de um grande soldado é que ele luta em seus próprios termos ou não luta.[1]]

3. Tendo vantagens sobre ele, pode-se fazer com que o inimigo se aproxime por conta própria; ou, ao infligir danos, pode tornar impossível para o inimigo se aproximar.

   [No primeiro caso, ele atrairá o inimigo com uma isca; no segundo, atacará em algum ponto importante que o inimigo terá de defender.]

4. Se o inimigo estiver descansando, ele pode atormentá-lo;

   [Esta passagem pode ser citada como evidência contra a interpretação de Mei Yao-Ch'en do capítulo 1, parágrafo 23.]

   se bem suprido de comida, pode atormentá-lo de fome; se acampado tranquilamente, pode forçá-lo a se mover.

5. Apareça em pontos que o inimigo deve se apressar em defender; marche rapidamente para lugares onde você não é esperado.

6. Um exército pode marchar grandes distâncias sem perigo, se passar por locais onde o inimigo não estiver.

   [Ts'ao Kung resume muito bem: "Emerja do vazio, como 'um raio caindo inesperadamente', ataque em pontos vul-

---

[1] Ver a biografia do Cel. Henderson de Stonewall Jackson, edição de 1902, vol. II, p. 490.

neráveis, evite locais que são defendidos, ataque em locais inesperados.]

7. Você pode ter certeza de que terá sucesso em seus ataques se atacar apenas lugares indefesos.

[Wang Hsi explica "lugares indefesos" como "pontos fracos; isto é, onde o general está sem capacidade, ou os soldados sem ânimo; onde as paredes não são fortes o bastante, ou as precauções não são suficientemente rígidas; onde reforços chegam tarde demais, ou as provisões são muito escassas, ou os defensores divergem entre si".]

Você pode garantir a segurança de sua defesa se apenas mantiver posições que não podem ser atacadas.

[Ou seja, onde não há nenhum dos pontos fracos mencionados anteriormente. Há um ponto bastante interessante envolvido na interpretação dessa última cláusula. Tu Mu, Ch'en Hao e Mei Yao-ch'en presumem que o significado seja "Para tornar sua defesa bastante segura, você deve defender até mesmo aqueles lugares que não são suscetíveis de serem atacados"; e Tu Mu acrescenta: "Ainda mais, então, que aqueles serão os atacados". Tomada assim, no entanto, a cláusula não se equilibra bem com a anterior – sempre uma consideração no estilo altamente antitético que é natural para os chineses. Chang Yu, portanto, parece estar mais perto do alvo ao dizer: "Aquele que é hábil no ataque projeta-se das alturas mais altas do céu [ver IV, parágrafo 7], tornando impossível ao inimigo se proteger contra ele. Sendo assim, os locais que devo atacar são justamente aqueles que o inimigo não pode defender. [...] Quem é hábil na defesa se esconde nos recessos mais secretos da terra, impossibilitando que o inimigo estime onde ele está. Sendo assim, os lugares que devo proteger são precisamente aqueles que o inimigo não pode atacar".]

8. Consequentemente, é habilidoso no ataque aquele general cujo oponente não sabe onde defender; e é hábil na defesa aquele cujo oponente não sabe o que atacar.

[Um aforismo que resume toda a arte da guerra.]

9. Ó, arte divina de sutileza e sigilo! Com você aprendemos a ser invisíveis, com você, inaudíveis;

[Literalmente, "sem forma ou som", mas é dito, é claro, com referência ao inimigo.]

e, portanto, podemos ter o destino do inimigo em nossas mãos.

10. Você pode avançar e ser absolutamente invencível, se considerar os pontos fracos do inimigo; você pode se retirar e ficar protegido da perseguição se seus movimentos forem mais rápidos do que os do inimigo.

11. Se quisermos lutar, o inimigo pode ser forçado a um confronto, mesmo estando protegido atrás de uma muralha alta e de um fosso profundo. Tudo o que precisamos fazer é atacar algum outro lugar, que ele será obrigado a reforçar.

[Tu Mu diz: "Se o inimigo for o invasor, podemos cortar sua linha de comunicação e ocupar as estradas pelas quais ele terá de retornar; se formos os invasores, podemos direcionar nosso ataque contra o próprio soberano". É claro que Sun Tzu, ao contrário de certos generais no final da Guerra dos Bôeres, não acreditava em ataques frontais.]

12. Se não quisermos lutar, podemos evitar que o inimigo nos enfrente, mesmo que as linhas de nosso acampamento estejam apenas traçadas no solo. Tudo o que precisamos fazer é jogar algo estranho e inexplicável em seu caminho.

[Essa expressão extremamente concisa é parafraseada de forma inteligível por Chia Lin: "Embora não tenhamos construído nem parede nem fosso". Li Ch'uan diz: "Nós o confundimos com formações estranhas e incomuns"; e Tu Mu finalmente fecha o significado com três anedotas ilustrativas – uma de Chu-ko Liang, que, ao ocupar Yang-p'ing e prestes a ser atacado por Ssu-ma I, de repente recolheu suas bandeiras, parou o bater dos tambores e escancarou os portões da cidade, mostrando apenas alguns homens empenhados em varrer e regar o solo. Esse procedimento inesperado teve o efeito pretendido, pois Ssu-ma I, suspeitando de uma emboscada, realmente retirou seu exército e recuou. O que Sun Tzu está defendendo aqui, portanto, não é nada mais nada menos do que o uso oportuno de "blefe".]

13. Ao descobrir as formações do inimigo e permanecer nós mesmos invisíveis, podemos manter nossas forças concentradas, enquanto as do inimigo devem ser divididas.

[A conclusão talvez não seja muito óbvia, mas Chang Yu (seguindo Mei Yao-ch'en) explica corretamente assim: "Se as formações do inimigo são visíveis, podemos nos defender em bloco; ao passo que, se nossas próprias formações forem mantidas em segredo, o inimigo será obrigado a dividir suas forças para se proteger contra ataques de todos os lados".]

14. Podemos formar um bloco único, enquanto o inimigo deve se dividir em frações. Assim, haverá um todo contra as frações separadas de um todo, o que significa que seremos muitos para os poucos do inimigo.

15. E se formos então capazes de atacar uma força inferior com uma superior, nossos oponentes estarão em apuros.

16. O local onde pretendemos lutar não deve ser divulgado, pois então o inimigo terá de se preparar contra um possível ataque em vários pontos diferentes;

    [Sheridan uma vez explicou o motivo das vitórias do general Grant, dizendo que "enquanto seus oponentes estavam totalmente ocupados se perguntando o que ele faria, *ele* estava pensando principalmente no que ele mesmo faria".]

    e estando suas forças assim distribuídas em muitas direções, os números que teremos de enfrentar em qualquer ponto serão proporcionalmente poucos.

17. Pois se o inimigo fortalecer sua vanguarda, ele enfraquecerá sua retaguarda; se ele fortalecer sua retaguarda, enfraquecerá sua vanguarda; se ele fortalecer a esquerda, enfraquecerá a direita; se ele fortalecer a direita, enfraquecerá a esquerda. Se ele enviar reforços para todos os lugares, ele estará fraco em todos os lugares.

[Nas *Instruções a seus generais* de Frederico, o Grande, lemos: "Uma guerra defensiva pode nos trair, levando a um destacamento demasiado frequente. Os generais que têm pouca experiência tentam proteger todos os pontos, enquanto aqueles que estão mais familiarizados com sua profissão, tendo apenas o objetivo capital em vista, protegem-se contra um golpe decisivo e aquiescem a pequenos infortúnios para evitar maiores".]

18. A fraqueza numérica vem de ter de se preparar contra possíveis ataques; a força numérica, de obrigar nosso adversário a fazer esses preparativos contra nós.

[O mais alto generalato, nas palavras do coronel Henderson, é "compelir o inimigo a dispersar seu exército, então concentrar força superior contra cada fração por vez".]

19. Sabendo o lugar e a hora da batalha que se aproxima, podemos nos concentrar de maiores distâncias para lutar.

[O que Sun Tzu evidentemente tem em mente é aquele belo cálculo de distâncias e aquele emprego magistral de estratégia que permitem a um general dividir seu exército com o propósito de uma marcha longa e rápida e, depois, reunir as tropas precisamente no ponto certo e na hora certa para enfrentar o inimigo com força esmagadora. Entre muitas dessas junções bem-sucedidas que a história militar registra, uma das mais dramáticas e decisivas foi o aparecimento de Blucher exatamente no momento crítico no campo de Waterloo.]

20. Mas se nem o tempo nem o lugar forem conhecidos, então a ala esquerda será impotente para socorrer a direita, a direita igualmente impotente para socorrer a esquerda, a vanguarda incapaz de aliviar a retaguarda, ou a retaguarda de apoiar a vanguarda. Ainda mais se as partes mais distantes do exército estiverem separadas por menos de cem *li*, e mesmo as mais próximas estiverem separadas por vários *li*!

[O chinês nessa última frase carece um pouco de precisão, mas a imagem mental que devemos traçar é provavelmente a de um exército avançando em direção a determinado ponto de encontro em colunas separadas, cada uma com ordens de estar lá em uma data combinada. Se o general permitir que os vários destacamentos procedam ao acaso, sem instruções precisas quanto à hora e ao local de reunião, o inimigo poderá aniquilar o exército destacado. Talvez valha a pena citar aqui a nota de Chang Yu: "Se não soubermos o lugar onde nossos oponentes pretendem se concentrar ou o dia em que eles entrarão na batalha, nossa unidade será perdida em meio a nossos preparativos para a defesa, e as posições que ocupamos serão inseguras. Encontrando de surpresa um inimigo poderoso, seremos levados para a batalha em uma condição desorganizada, e nenhum apoio mútuo será possível entre as alas, a vanguarda ou a retaguarda, especialmente se houver uma grande distância entre as divisões anterior e posterior do Exército".]

21. Embora, de acordo com minha estimativa, os soldados de Yueh excedam os nossos em número, isso não lhes

trará vantagem em termos de vitória. Eu digo então que a vitória pode ser alcançada.

[Infelizes dessas palavras corajosas! A longa rivalidade entre os dois estados terminou em 473 a.C. com a derrota total de Wu por Kou Chien e sua incorporação a Yueh. Isso sem dúvida ocorreu muito depois da morte de Sun Tzu. Com sua presente afirmação, compare o capítulo 4, parágrafo 4. Chang Yu é o único a apontar a aparente discrepância, que ele explica em seguida assim: "No capítulo sobre as disposições táticas, é dito: 'Alguém pode saber como vencer sem ser capaz de fazê-lo', ao passo que aqui temos a declaração de que a 'vitória' pode ser alcançada. A explicação é que no capítulo anterior, em que a ofensiva e a defensiva estão em discussão, é dito que, se o inimigo estiver totalmente preparado, não se pode ter certeza da vitória. Mas a presente passagem se refere particularmente aos soldados de Yueh que, de acordo com os cálculos de Sun Tzu, serão mantidos na ignorância da hora e do local da luta iminente. É por isso que ele diz aqui que a vitória pode ser alcançada".]

22. Embora o inimigo seja mais forte em número, podemos impedi-lo de lutar. Faça planos para descobrir os planos dele e a probabilidade de seu sucesso.

[Uma leitura alternativa oferecida por Chia Lin é: "Conheça de antemão todos os planos que conduzam ao nosso sucesso e ao fracasso do inimigo".]

23. Desperte-o e aprenda o princípio de sua atividade ou inatividade.

[Chang Yu nos diz que, ao observar a alegria ou raiva demonstrada pelo inimigo ao ser assim perturbado, seremos capazes de concluir se sua política é a discrição ou o contrário. Ele exemplifica a ação de Cho-ku Liang, que enviou o presente desdenhoso de uma touca feminina para Ssu-ma I, a fim de tirá-lo de suas estratégias fabianas.]

Obrigue-o a se revelar, para descobrir seus pontos vulneráveis.

24. Compare cuidadosamente o exército inimigo com o seu, para que você possa saber onde a força é superabundante e onde é deficiente.

[Confira no capítulo 4, parágrafo 6.]

25. Ao realizar formações táticas, o melhor que você pode fazer é ocultá-las;

[A malícia desse paradoxo se evapora na tradução. A ocultação talvez não seja tanto a invisibilidade real (ver *supra*, parágrafo 9), mas "não mostrar nenhum sinal" do que você pretende fazer, dos planos que são formados em seu cérebro.]

oculte suas formações e estará protegido da intromissão dos espiões mais sutis, das maquinações dos cérebros mais sábios.

[Tu Mu explica: "Embora o inimigo possa ter oficiais inteligentes e capazes, eles não serão capazes de traçar nenhum plano contra nós".]

26. Como se pode obter a vitória conforme as próprias táticas do inimigo — isso é o que as massas não podem compreender.

27. Todos os homens podem ver as táticas pelas quais eu conquisto, mas o que ninguém pode ver é a estratégia segundo a qual a vitória se desenvolveu.

[Ou seja, todos podem ver superficialmente como uma batalha é ganha; o que não podem ver é a longa série de planos e combinações que precederam a batalha.]

28. Não repita as táticas que lhe deram uma vitória; deixe seus métodos serem regulados pela infinita variedade de circunstâncias.

[Como Wang Hsi sabiamente observa: "Há apenas um princípio básico por trás da vitória, mas as táticas que levam a ela são infinitas em número". Com isso, compare o coronel Henderson: "As regras da estratégia são poucas e simples. Elas podem ser aprendidas em uma semana. Podem ser ensinadas por ilustrações familiares ou uma dúzia de diagramas. Mas tal conhecimento não ensinará um homem a liderar um exército como Napoleão mais do que o conhecimento de gramática poderá ensiná-lo a escrever como Gibbon".]

29. As táticas militares são como a água; pois a água, em seu curso natural, foge de lugares altos e se precipita para baixo.

30. Portanto, na guerra, o caminho é evitar o que é forte e atacar o que é fraco.

[Como a água, seguindo a linha de menor resistência.]

31. A água molda seu curso de acordo com a natureza do solo sobre o qual flui; o soldado calcula sua vitória em relação ao inimigo que está enfrentando.

32. Portanto, assim como a água não mantém uma forma constante, na guerra não há condições constantes.

33. Aquele que pode modificar suas táticas em relação ao seu oponente e, assim, obter vitória pode ser chamado de capitão nascido do céu.

34. Os cinco elementos (água, fogo, madeira, metal, terra) nem sempre são igualmente predominantes;

[Ou seja, como diz Wang Hsi: "eles predominam alternadamente".]

as quatro estações abrem caminho uma para a outra.

[Literalmente, "não têm assento invariável".]

Existem dias curtos e longos; a lua tem seus períodos de minguante e crescente.

[Cf. capítulo 5, parágrafo 6. O propósito da passagem é apenas ilustrar a falta de imutabilidade na guerra pelas mudanças que ocorrem constantemente na natureza. A comparação não é muito feliz, no entanto, porque a regularidade dos fenômenos que Sun Tzu menciona não tem paralelo na guerra.]

CAPÍTULO 7

MANOBRANDO

1. Sun Tzu disse: Na guerra, o general recebe seus comandos do soberano.
2. Tendo reunido um exército e concentrado suas forças, ele deve misturar e harmonizar seus diferentes elementos antes de montar acampamento.

[Chang Yu diz: "O estabelecimento de harmonia e confiança entre os escalões superiores e inferiores antes de se aventurar no campo de batalha"; e cita um ditado de Wu Tzu (capítulo 1, *ad init.*): "Sem harmonia no Estado, nenhuma expedição militar pode ser empreendida; sem harmonia no exército, nenhum arranjo de batalha pode ser formado". Em um romance histórico, Sun Tzu é representado dizendo a Wu Yuan: "Via de regra, aqueles que estão em guerra devem se livrar de todos os problemas domésticos antes de prosseguir para atacar o inimigo externo".]

3. Depois disso, vem a manobra tática, e nada é mais difícil que ela.

[Afastei-me um pouco da interpretação tradicional de Ts'ao Kung, que diz: "Desde o momento em que recebemos as instruções do soberano até nosso acampamento contra o inimigo, as táticas a serem seguidas são as mais difíceis". Parece-me que dificilmente se pode dizer que as táticas ou manobras começaram antes que o exército se agrupasse e acampasse, e a nota de Ch'ien Hao dá cor a essa visão: "Para reunir, concentrar, harmonizar e entrincheirar um exército, muitas regras antigas valerão. A verdadeira dificuldade surge quando nos envolvemos em operações táticas". Tu Yu também observa que "a grande dificuldade é chegar de antemão ao inimigo para obter uma posição favorável".]

A dificuldade da manobra tática consiste em transformar o tortuoso em direto e o infortúnio em ganho.

[Esta sentença contém uma daquelas expressões altamente condensadas e enigmáticas de que Sun Tzu gosta tanto. É assim que ela é explicada por Ts'ao Kung: "Faça parecer que você se encontra a uma longa distância, depois percorra a distância rapidamente e chegue em cena antes de seu inimigo". Tu Mu diz: "Engane o inimigo para que assim ele possa ser displicente e tranquilo enquanto você corre em velocidade máxima". Ho Shih dá uma interpretação levemente diferente: "Apesar de você poder ter um terreno complicado para atravessar e obstáculos naturais a encontrar, isso é um inconveniente que pode ser transformado em vantagem pela velocidade de movimento". Exemplos desse ditado são fornecidos pelas duas famosas travessias pelos Alpes – a de Aníbal, que colocou a Itália à sua mercê, e a de Napoleão dois mil anos depois, que resultou na grande vitória de Marengo.]

4. Assim, tomar uma rota longa e tortuosa, depois de atrair o inimigo para fora de seu caminho, mesmo tendo começado depois dele, alcançar a meta antes, mostra conhecimento do artifício do *desvio*.

[Tu Mu cita a famosa marcha de Chao She em 270 a.C. para socorrer a cidade de O-yu, que foi cercada de perto por um exército Ch'in. O rei de Chao primeiro consultou Lien P'o sobre a conveniência de tentar mandar reforços, mas este último achou a distância muito grande, e o terreno intermediário muito acidentado e difícil. Sua Majestade então se voltou para Chao She, que admitiu totalmente a natureza perigosa da marcha, mas finalmente disse: "Seremos como dois ratos lutando – e o mais corajoso vencerá!". Então ele deixou a capital com seu exército, mas havia percorrido apenas uma distância de 30 *li* quando parou e começou a armar trincheiras. Por 28 dias, ele continuou a reforçar suas fortificações e cuidou para que os espiões levassem essa informação ao inimigo. O general Ch'in ficou radiante e atribuiu o atraso de seu adversário ao fato de que a cidade sitiada ficava no estado Han, portanto, não era realmente parte do território Chao. Mas os espiões mal tinham partido e Chao She começou uma marcha acelerada que durou dois dias e uma noite, e chegou ao local da ação com uma rapidez tão surpreendente que foi capaz de ocupar uma posição de comando na "colina do Norte" antes de o inimigo ficar sabendo de seus movimentos. Seguiu-se uma derrota esmagadora para as forças Ch'in, que foram obrigadas a levantar o cerco de O-yu com toda a pressa e recuar para o outro lado da fronteira.]

5. Manobrar com um exército é vantajoso; com uma multidão indisciplinada, muito perigoso.

[Adoto a leitura do *T'ung Tien*, Cheng Yu-hsien, e o *T'u Shu*, já que ele parece aplicar a nuança exata requerida para fazer sentido. Os comentaristas, usando o texto-padrão, interpretam que o significado desse parágrafo é que manobras podem ser lucrativas ou podem ser perigosas: tudo depende da habilidade do general.]

6. Se você coloca um exército totalmente equipado em movimento pensando em conseguir uma vantagem, muito provavelmente irá se atrasar. Em contrapartida, destacar apenas uma coluna para esse propósito envolve o sacrifício e outros bens.

[Alguns dos textos chineses são ininteligíveis para os comentaristas chineses, que parafraseiam a sentença. Ofereço minha própria rendição sem muito entusiasmo, convencido de que existe alguma corruptela profunda no texto. No total, fica claro que Sun Tzu não aprova que se inicie uma longa marcha sem suprimentos. Cf. *infra*, parágrafo 11.]

7. Portanto, se você ordenar que seus homens vistam o casacão e façam marchas forçadas sem paradas dia ou noite, cobrindo o dobro da distância usual de uma só vez,

[Um dia normal de marcha, de acordo com Tu Mu, era 30 *li*; mas em uma ocasião, enquanto perseguia Liu Pei, é dito que Ts'ao Ts'ao cobriu a incrível distância de 300 *li* num intervalo de vinte e quatro horas.]

perfazendo cem *li* para arrancar uma vantagem, os líderes de todas as suas três divisões cairão nas mãos do inimigo.

8. Os homens mais fortes estarão à frente, os cansados ficarão para trás, e, nesse cenário, apenas um décimo de seu exército chegará a seu destino.

[A moral, como Ts'ao Kung e outros apontam, é: não marche cem *li* para ganhar vantagem tática, com ou sem obstáculos. Manobras desse tipo devem ser limitadas a distâncias curtas. Stonewall Jackson disse: "Os riscos de uma marcha forçada são com frequência mais dolorosos que os perigos da batalha". Ele não exigia de suas tropas esforços extraordinários com frequência. Era apenas quando pretendia uma surpresa, ou quando uma retirada rápida era imperativa, que ele sacrificava tudo pela velocidade.[1]]

9. Se você marchar cinquenta *li* para superar o inimigo, perderá o líder de sua primeira divisão, e apenas metade de sua força chegará ao objetivo.

[Literalmente, "o líder da primeira divisão será *despedaçado*".]

---

[1] Veja Coronel Henderson, *op. cit.* Vol. I. p. 426.

10. Se você marchar trinta *li* com o mesmo objetivo, dois terços de seu exército chegarão.

[No T'ung Tien é adicionado: "Com base nisso, podemos perceber a dificuldade da manobra".]

11. Devemos entender então que um exército sem um veículo de carga está perdido; sem provisões, está perdido; sem bases de suprimentos, está perdido.

[Acredito que Sun Tzu quis dizer "Itens acumulados em depósitos". Mas Tu Yu diz "ração e coisas do tipo", Chang Yu diz "produtos em geral", e Wang Hsi diz "combustível, sal, comestíveis etc.".]

12. Não podemos formar alianças até estarmos ambientados com os desígnios de nossos vizinhos.

13. Não somos capazes de liderar um exército em marcha a não ser que estejamos familiarizados com o terreno – suas montanhas e florestas, suas valas e precipícios, seus brejos e pântanos.

14. Seremos incapazes de levar em conta as vantagens naturais, a não ser que usemos guias locais.

[Parágrafos 12-14 são repetidos no capítulo 11, parágrafo 52.]

15. Em guerra, pratique a dissimulação, e você obterá sucesso.

[Nas táticas de Turenne, enganar o inimigo, especialmente quanto à força numérica de suas tropas, tinha uma importância muito grande.[2]]

---

[2] Para uma série de máximas sobre esse assunto, veja "Marshal Turene" (Longmans, 1907), p. 29.

16. Se é preciso concentrar ou dividir suas tropas, isso deve ser decidido pelas circunstâncias.

17. Deixe que sua velocidade seja como a do vento,

[A comparação é duplamente apropriada, porque o vento não somente é rápido, mas também, como Mei Yao-ch'en aponta, "é invisível e não deixa rastros".]

sua compactação, como a de uma floresta.

[Meng Shih chega mais perto do alvo nesta nota: "Quando marchando lentamente, a ordem e as fileiras devem ser preservadas" - para se proteger de ataques surpresas. Mas florestas naturais não crescem em fileiras, embora geralmente tenham a qualidade da densidade ou compactação.]

18. Ao invadir e pilhar, seja como o fogo,

[Cf. Shih Ching, IV, 3, iv 6: "Violento como chama ardente que homem nenhum pode apagar".]

na imobilidade, como uma montanha.

[Ou seja, quando estiver mantendo uma posição da qual o inimigo está tentando deslocá-lo, ou talvez, como Tu Yu diz, quando ele está tentando atraí-lo para uma cilada.]

19. Faça com que seus planos sejam obscuros e impenetráveis como a noite e, quando você se mover, caia como um raio.

[Tu Yu cita um dito de T'ai Kung que se transformou em provérbio: "Você não pode fechar seus ouvidos para o trovão ou os olhos para o raio - de tão rápidos que são". Da mesma forma, um ataque deve ser desferido tão rapidamente que não se possa desviar.]

20. Quando você invade um vilarejo, deixe que o espólio seja dividido entre seus homens;

[Sun Tzu deseja diminuir os abusos da pilhagem indiscriminada insistindo que todo butim deve ser jogado em armazenamento comunal, que depois será justamente dividido entre todos.]

quando capturar um novo território, divida-o em loteamentos para o benefício dos soldados.

[Ch'en Hao diz: "Acomode seus soldados na região e deixe que a semeiem e plantem". É por agir segundo esse princípio, e colhendo as terras que eles invadem, que os chineses foram bem-sucedidos em continuar com algumas de suas expedições mais memoráveis e triunfantes, como as de Pan Ch'ao, que penetrou o Cáspio, e, em anos mais recentes,[3] as de Fu-k'ang-an e Tso Tsung-t'ang.]

21. Pondere e delibere antes de fazer algum movimento.

[Chang Yu cita Wei Liao Tzu dizendo que não devemos levantar acampamento até termos conquistado o poder de resistência do inimigo e a inteligência do general oponente. Conferir as "sete comparações" no capítulo 1, parágrafo 13.]

22. Conquistará aquele que tiver aprendido o artifício da escamoteação.

[Veja *supra*, parágrafos 3 e 4.]

Assim é a fina arte da manobra.

---

[3] Recente ao tempo da tradução para o inglês. (N.E.)

[Com estas palavras, o capítulo iria naturalmente chegar ao fim. Mas agora segue um longo apêndice na forma de um excerto de um livro de guerra ainda mais antigo, hoje perdido, mas aparentemente existente na época em que Sun Tzu escreveu. O estilo desse fragmento não é notavelmente diferente do próprio Sun Tzu, mas nenhum comentarista levanta dúvida sobre sua autenticidade.]

23. O Livro da Administração de Exércitos diz:

[Talvez seja significativo que nenhum dos comentaristas anteriores nos dê informação alguma sobre essa obra. Mei Yao-Ch'en a chama de "um antigo clássico militar", e Wang Hsi, "um antigo livro sobre a guerra". Considerando o enorme número de batalhas que aconteceram por séculos antes da época de Sun Tzu entre os vários reinos e principados da China, não é em si improvável que tenha sido feita uma coletânea de máximas militares, registrada em algum período anterior.]

No campo de batalha,

[Implícito, apesar de não necessariamente em chinês.]

a palavra falada não vai longe o suficiente; por isso foi instituído o uso de gongos e tambores. Objetos ordinários também não podem ser vistos claramente o bastante: por isso o uso de estandartes e bandeiras.

24. Gongos e tambores, estandartes e bandeiras, são meios pelos quais os ouvidos e olhos do exército podem se focar em determinado ponto.

[Chang Yu diz: "Se visão e audição convergem simultaneamente no mesmo objeto, as evoluções de até milhões de soldados serão como as de um único homem!".]

25. Com o exército formando assim um corpo único, é impossível para o bravo avançar sozinho, ou para o covarde recuar sozinho.

[Chuan Yu cita um dito: "Igualmente culpados são aqueles que avançam contra as ordens e aqueles que recuam contra as ordens". Tu Mu conta uma história em conexão com Wu Ch'i, quando ele estava lutando contra o Estado de Ch'in. Antes de a batalha começar, um de seus soldados, um homem de incomparável coragem, lançou-se sozinho à frente, capturou duas cabeças do inimigo e retornou ao acampamento. Wu Ch'i ordenou que o homem fosse executado de imediato, ao que um oficial se aventurou a protestar, dizendo: "Este homem foi um bom soldado, por isso não deveria ter sido decapitado". Wu Ch'i respondeu: "Eu acredito plenamente que ele foi um bom soldado, mas mandei decapitá-lo porque ele agiu sem ordens".]

Essa é a arte de lidar com grandes grupos de homens.

26. Em combates noturnos, então, faça muito uso de sinais por fogueira e tambores, e em combates diurnos, por bandeiras e estandartes, como forma de influenciar ouvidos e olhos de seu exército.

[Ch'en Hao alude à cavalgada noturna de Li Kuang-pi até Ho-yang no comando de quinhentos homens montados; eles fizeram um uso tão imponente de tochas que, apesar de o líder inimigo Shih ssu-ming ter um exército maior, ele não ousou impedir sua passagem.]

27. Um exército inteiro pode ter sua coragem roubada;

["Na guerra", diz Chang Yu, "se um sentimento de raiva pode ser instilado em todas as fileiras de um exército de uma vez só, seu ataque será irresistível. Agora, o ânimo dos soldados inimigos será mais aguçado assim que eles chegarem na batalha, e esta é a nossa pista, para não lutar de imediato, mas sim esperar até seu ardor e entusiasmo se arrefecerem, e então atacar. É dessa maneira que eles poderão ter sua disposição roubada". Li Ch'uan e outros contam uma história (que pode ser encontrada no *Tso Chuan*, ano dez, parágrafo um) de Ts'ao Kuei, um protegido do duque Chuang de Lu. A propriedade deste último foi atacada pelo Ch'i, e o duque estava prestes a se juntar à batalha em Ch'ang-cho, depois do primeiro rufar das baterias do inimigo, quando Ts'ao disse: "Ainda não". Somente depois que seus tambores haviam rufado pela terceira vez, ele deu a ordem de ataque. E então eles lutaram, e os homens de Ch'i foram totalmente derrotados. Questionado depois pelo duque quanto ao significado de sua demora, Ts'ao Kuei respondeu: "Em batalha, um espírito corajoso é tudo. O primeiro rufar de tambores tende a criar esse espírito, mas no segundo rufar já começa a esmorecer, e depois do terceiro está totalmente arrefecido. Ataquei quando seus ânimos já tinham esfriado e o nosso estava no ápice. Daí nossa vitória". Wu Tzu (capítulo 4) coloca "ânimo" em primeiro dentre as "quatro influências importantes" na guerra e continua: "O valor de todo um exército – uma horda poderosa de milhões de homens – é dependente de apenas um homem: tal é a influência do ânimo!"]

um comandante pode ter sua presença de espírito roubada.

[Chang Yu diz: "Presença de espírito é a qualidade mais importante do general. É a qualidade que possibilita que ele discipline a desordem e inspire coragem nos que são atingidos pelo pânico". O grande general Li Ching (571-649 d.C.) tem um dito: "Atacar não consiste tão somente em agredir cidades amuradas ou investir contra um exército em formação de batalha; também deve incluir a arte de desestabilizar o equilíbrio mental do inimigo".]

28. O espírito de um soldado está mais aguçado pela manhã;

[Sempre desde que, suponho eu, ele tenha tomado o café da manhã. Na batalha de Trebia, permitiu-se tolamente que os romanos lutassem em jejum, enquanto os homens de Aníbal tomaram o desjejum com calma. Veja Lívio, XXI, liv.8, lv. 1 e 8.]

ao meio-dia, já começou a esmorecer; e à tarde, sua mente está voltada apenas para o retorno ao acampamento.

29. Um general esperto, portanto, evita um exército quando seu espírito está aguçado, mas o ataca quando está lento e inclinado para uma retirada. Essa é a arte do estudo dos ânimos.

30. Disciplinado e calmo, esperar o aparecimento de desordem e agitação entre o inimigo – essa é a arte de manter o autocontrole.

31. Estar perto do objetivo enquanto o inimigo continua longe, esperar calmamente enquanto o inimigo labuta e se esforça, estar bem alimentado enquanto o inimigo está faminto – essa é a arte de administrar as forças de alguém.

32. Evitar interceptar um inimigo cujos estandartes estejam em perfeita ordem, evitar atacar um exército que esteja arranjado com calma e confiança – essa é a arte de estudar as circunstâncias.

33. É um axioma militar não avançar colina acima contra o inimigo, nem se opor a ele quando este vem colina abaixo.

34. Não persiga um inimigo que simula fuga, não ataque soldados com temperamentos aguçados.

35. Não morda a isca oferecida pelo inimigo.

[Li Ch'uan e Tu Mu, com extraordinária inabilidade de enxergar uma metáfora, interpretam essas palavras literalmente como comida e água envenenada pelo inimigo. Ch'en Hao e Chang Yu cuidadosamente apontam que o dito tem uma aplicação mais ampla.]

Não interfira em um exército que esteja voltando para casa.

[Os comentaristas explicam esse conselho inusitado dizendo que um homem cujo coração está decidido a voltar para casa lutará até a morte contra qualquer tentativa de bloquear seu caminho, e é portanto um oponente muito perigoso de ser vencido. Chang Yu cita as palavras de Han Hsin: "Invencível é o soldado que obteve seu desejo e retorna para casa". Uma maravilhosa história é contada sobre a coragem e recursos de Ts'ao Ts'ao no primeiro capítulo do *San Kuo Chi*. Em 198 d.C., ele estava sitiando Chang Hsiu em Jang, quando Liu Piao mandou reforços com a intenção de interromper a retirada de Ts'ao. Este último foi obrigado a retirar suas tropas, apenas para se encontrar cercado por dois inimigos, que estavam guardando os acessos de uma passagem estreita na qual ele havia se entrincheirado. Nessa situação desesperadora, Ts'ao esperou até o cair da noite, quando cavou um túnel na lateral da montanha e armou uma emboscada ali. Assim que todo o exército passou, a tropa oculta se lançou sobre sua retaguarda, enquanto o próprio Ts'ao dava a volta e se encontrava com seus perseguidores adiante, de modo que eles foram engolidos pela confusão e aniquilados. Ts'ao Ts'ao disse, depois de tudo: "Os bandidos tentaram deter meu exército em sua retirada e me colocaram em batalha em uma posição desesperada: por isso, eu soube como superá-los".]

36. Quando você cercar um exército, deixe uma saída livre.

[Isso não significa que ao inimigo deve ser permitida a fuga. O objetivo, como Tu Mu coloca, é "fazê-lo acreditar que existe um caminho para a segurança, e assim evitar sua luta com a coragem do desespero". Tu Mu adiciona agradavelmente: "Depois disso, você pode esmagá-lo".]

Não pressione demais um inimigo desesperado.

[Ch'en Hao cita o dizer: "Pássaros e feras, quando encurralados, usarão suas garras e presas". Chang Yu diz: "Se o adversário queimou os próprios barcos e destruiu os utensílios de cozinha e está pronto para arriscar tudo em uma batalha, ele não deve ser levado aos extremos". Ho Shih ilustra o significado com uma história tirada da vida de Yen-ch'ing. Este general e seu colega Tu Chung-wei estavam cercados por um exército amplamente superior de Khitans no ano de 945 d.C. O terreno estava desnudo e parecendo um deserto, e a pequena força chinesa logo se viu em apuros com a falta de água. Os poços que eles furaram logo secaram, e os homens se limitavam a espremer a lama para sorver a umidade. Seus números reduziram rapidamente, até que enfim Fu Yen-ch'ing exclamou: "Somos homens desesperados. Muito melhor morrer pelo país do que ir acorrentado para o cativeiro!". Um forte vendaval soprava do nordeste, escurecendo o ar com uma densa nuvem de areia. Chung--wei era a favor de esperar que a tempestade melhorasse antes de decidir um último ataque; mas por sorte outro oficial, chamado Li Shou-cheng, foi rápido em ver a oportunidade e disse: "Eles são muitos, e nós, poucos, mas no meio desta tempestade de areia nossos números não serão discerníveis; a vitória irá para o lutador mais tenaz, e o vento será nosso maior aliado". De acordo, Fu Yen-ch'ing fez uma investida repentina e totalmente inesperada com sua cavalaria, derrotando os bárbaros e sendo bem-sucedidos em chegar à segurança.]

37. Assim é a arte da guerra.

CAPÍTULO 8

VARIAÇÕES TÁTICAS

[O cabeçalho significa literalmente "As Nove Variações", mas, como Sun Tzu não parece enumerá-las e, como ele já nos havia dito (capítulo 5, parágrafos 6-11) que esses desvios do curso comum são praticamente inumeráveis, temos poucas opções a não ser seguir Wang Hsi, que diz que "Nove" significa um número de tamanho indefinido. "Isso tudo significa que na guerra devemos variar nossas táticas ao máximo. [...] Não sei o que Ts'ao Kung entendia por essas Nove Variações, mas já foi sugerida sua conexão com as Nove Situações" – do capítulo 9. Essa é a visão adotada por Chang Yu. A única alternativa é supor que alguma coisa foi perdida – uma suposição a que a estranha curta duração do capítulo confere algum peso.]

1. Sun Tzu disse: Na guerra, o general recebe suas ordens do soberano, reúne seu exército e concentra suas forças.

[Repetido do capítulo 7, primeiro parágrafo, no qual certamente estava mais bem colocado. Pode ter sido inserido aqui meramente para suprir um início para o capítulo.]

2. Quando em um país difícil, não acampe. Em um país onde as estradas se cruzam, ajude seus aliados. Não se demore em posições isoladas e perigosas.

[A última situação não é uma das Nove Situações descritas no início do capítulo 11, mas aparece mais tarde (*ibidem* parágrafo 43 *q.v.*). Chang Yu define essa situação como sendo situada depois da fronteira, em território hostil. Li Ch'uan diz que é em "países onde não existem córregos ou poços, bandos ou rebanhos, vegetação ou lenha"; Chia Lin, "um país de desfiladeiros, abismos e precipícios, sem uma estrada por onde avançar".]

quando encurralado, você deve lançar mão de estratagemas. Em posição desesperada, você deve lutar.

3. Essas são as estradas que não devem ser seguidas,

["Especialmente aquelas que levam para desfiladeiros estreitos", diz Li Ch'uan, "onde se pode temer uma emboscada".]

os exércitos que não devem ser atacados,

[Mais corretamente, talvez, "existem momentos em que um exército não deve ser atacado". Ch'en Hao diz: "Quando você vê um caminho para obter uma vantagem sobre o rival, mas está sem poder para infligir uma derrota real, evite o ataque, pelo medo de desgastar demais as forças de seus homens".]

as cidades que não devem ser sitiadas,

[Cf. capítulo 3, parágrafo 4. Ts'ao Kung faz uma ilustração interessante de sua experiência. Enquanto invadia o território de Hsu-chou, ele ignorou a cidade de Hua-pi, que ficava diretamente em seu caminho, e seguiu em direção ao coração do país. Essa excelente estratégia foi recompensada pela captura de nada menos que catorze importantes cidades-distrito. Chang Yu diz: "Não devemos atacar nenhuma cidade que, se tomada, não possa ser mantida ou, se deixada de lado, não causará problema". Hsun Ying, quando incitado a atacar Pi-yang, respondeu: "A cidade é pequena e bem fortificada; mesmo se eu for bem-sucedido em tomá-la, não será um grande feito; entretanto, se eu falhar, serei motivo de risadas". No século 17, os cercos continuavam formando uma grande parcela da guerra. Foi Turenne que chamou atenção para a importância das marchas, contramarchas e manobras. Ele disse: "É um grande erro desperdiçar homens tomando uma cidade sendo que a mesma demanda de soldados ganharia uma província".[1]]

as posições que não devem ser disputadas, as ordens do soberano que não devem ser obedecidas.

[Isso é algo duro para um chinês dizer, com sua reverência pela autoridade, e Wei Liao Tzu (citado por Tu Mu) é compelido a afirmar: "Armas são instrumentos sinistros, o conflito é antagonista à virtude, um comandante militar é uma negação da ordem civil!". Mantém-se o fato impalatável, de qualquer forma, de que mesmo os desejos imperiais devem ser subordinados à necessidade militar.]

---

1 "Marechal Turenne", p. 50.

4. O general que entende totalmente as vantagens que acompanham a variação de táticas sabe como lidar com suas tropas.
5. O general que não entende isso pode conhecer bem a configuração do país, porém não será capaz de colocar seu conhecimento em prática.

   [Literalmente, "ganhar a vantagem do terreno", que significa não só assegurar um bom posicionamento, mas também dispor das vantagens naturais de toda forma possível. Chang Yu diz: "Todo tipo de terreno é definido por certas características naturais e dá escopo a uma série de variantes de planos. Como é possível transformar essas características naturais em vantagem a não ser que o conhecimento topográfico seja suplementado pela versatilidade da mente?".]
6. Assim, o estudante da guerra que não é versado na arte da guerra de variar seus planos, mesmo que esteja familiarizado com as Cinco Vantagens, falhará em fazer o melhor uso de seus homens.

   [Chia Lin nos diz que isso implica cinco linhas de ação óbvias e geralmente vantajosas, nomeadas: "se certa estrada é curta, deve ser seguida; se um exército está isolado, deve ser atacado; se uma cidade está em situação precária, deve ser sitiada; se uma posição pode ser tomada de assalto, isso deve ser tentado; e, se consistentes com as operações militares, as regras do comandante devem ser obedecidas". Mas existem certas circunstâncias que às vezes proíbem o comandante de usar essas vantagens. Por exemplo: "certa estrada pode ser o caminho mais curto para ele, mas, se ele sabe que ela acaba em obstáculos naturais, ou se o inimigo armou uma emboscada nela, ele não seguirá essa estrada. Uma força hostil pode estar propensa a ser atacada, mas, se ele sabe que ela está acuada e provavelmente lutará com desespero, ele evitará atacar" etc.]

7. Consequentemente, nos planos do líder sábio, as considerações sobre vantagens e desvantagens estarão misturadas.

["Esteja em uma posição vantajosa ou desvantajosa", diz Ts'ao Kung, "o contrário deve estar sempre presente em sua mente".]

8. Se nossa expectativa de vantagem for moderada dessa forma, teremos sucesso em completar a parte essencial de nossos planos.

[Tu Mu diz: "Se queremos tirar uma vantagem do inimigo, não devemos fixar nossa mente apenas nisso, mas estar abertos para a possibilidade de o inimigo também nos fazer algum mal, e deixar isso entrar como um fator em nossos cálculos".]

9. Se, em contrapartida, no meio de uma dificuldade, estamos sempre preparados para aproveitar uma vantagem, podemos nos livrar da má sorte.

[Tu Mu diz: "Se desejo me livrar de uma posição perigosa, devo considerar não apenas a habilidade do inimigo em me ferir, mas também minha própria habilidade em ganhar uma vantagem sobre o inimigo. Se em meus conselhos essas duas considerações estão apropriadamente misturadas, devo ser bem-sucedido em me libertar. [...] Por exemplo: se estou cercado pelo inimigo e penso somente em escapar, a falta de nervos de minha ação incitará meu adversário a me perseguir e me esmagar; seria bem melhor encorajar meus homens a focar em um contra-ataque, e usar a vantagem então adquirida para me libertar da cilada do inimigo". Veja a história de Ts'ao Ts'ao, capítulo 7, parágrafo 35, nota.]

10. Reduza os chefes hostis infligindo-lhes dano;

[Chia Lin enumera várias formas de infligir esse dano, algumas das quais só poderiam ocorrer à mente oriental: "Afaste para longe os melhores e mais sábios homens do inimigo, para que ele fique, assim, sem conselheiros. Infiltre traidores em seu país, para que as ações do governo se tornem fúteis. Fomente intrigas e mentiras, e assim plante discórdia entre o soberano e seus ministros. Por meio de artifícios elaborados, cause deterioração entre seus homens e desperdício de seu tesouro. Corrompa sua moral com presentes insidiosos, levando-o ao excesso. Perturbe e incomode sua mente apresentando a ele mulheres adoráveis". Chang Yu (depois Wang Hsi) faz uma interpretação diferente de Sun Tzu aqui: "Coloque o inimigo em uma posição em que ele vá se machucar, e ele será voluntariamente rendido".]

e traga problemas para eles,

[Tu Mu, nessa frase, em sua interpretação, indica que problemas devem ser causados para o inimigo afetando suas "posses", ou, como podemos dizer, "recursos", que ele considera ser "um grande exército, um tesouro público rico, harmonia entre os soldados, cumprimento pontual de ordens". Isso nos dá uma vantagem sobre o inimigo.]

e os mantenha constantemente ocupados;

[Literalmente, "transforme-os em servos". Tu Yu diz: "Evite que eles tenham qualquer descanso".]

ofereça uma isca tentadora e os faça correrem para qualquer lugar que queira.

[A nota de Meng Shih contém um excelente exemplo do uso idiomático de "faça com que eles esqueçam *pien* (a razão para agir de outra forma que não por impulso) e se apressem em nossa direção".]

11. A arte da guerra nos ensina a não depender somente da probabilidade de o inimigo não vir, mas do nosso preparo para recebê-los; não da chance de eles não atacarem, mas, em vez disso, do fato de que tornamos nossa posição inexpugnável.

12. Existem cinco erros graves que podem afetar um general: (1) imprudência, que leva à destruição;

["Bravura sem premeditação," como Ts'ao Kung analisa, o que faz com que um homem lute cegamente e desesperadamente como um touro louco. Um oponente assim, diz Chang Yu, "não deve ser enfrentado com força bruta, mas deve ser atraído para uma emboscada e assassinado". Cf. Wu Tzu, capítulo 4. *ad init.*: "Estimando a personalidade de um general, homens não devem prestar atenção exclusiva a sua coragem, esquecendo que coragem é apenas uma de várias qualidades que um general deveria ter. O homem meramente corajoso é propenso a lutar de forma descuidada; e aquele que luta de forma descuidada, sem nenhuma percepção do que é oportuno, deve ser condenado". Ssu-ma Fa, também, faz a observação incisiva: "Simplesmente correr para a própria morte não garante a vitória".]

(2) covardia, que leva à captura;

[Ts'ao Kung define a palavra chinesa aqui traduzida como "covardia" como o homem "cuja timidez o impede de avançar para tomar a vantagem", e Wang Hsi completa "que é rápido em bater em retirada ao sinal de perigo". Meng Shih dá uma paráfrase mais próxima: "Aquele que está determinado a voltar vivo", ou seja, o homem que nunca se arrisca. Mas, como Sun Tzu sabia, nada se consegue na guerra a não ser que você se arrisque. T'ai Kung disse: "Aquele que deixa uma vantagem escapar irá subsequentemente trazer para si grande desastre". Em 404 d.C., Liu Yu perseguiu o rebelde Huan Hsuan até o Yang-Tsé e travou uma batalha naval com ele na ilha de Ch'eng-hung. As tropas leais somavam apenas alguns milhares, enquanto seus oponentes estavam em grande força. Mas Huan Hsuan, temendo o destino que lhe estava reservado caso fosse superado, fez com que um barco leve fosse amarrado à lateral de seu navio de guerra para que ele pudesse escapar, se necessário, num instante. O resultado natural foi que o espírito de seus homens arrefeceu totalmente, e, quando as tropas leais fizeram um ataque a barlavento com brulotes, todos buscando com o maior ardor serem os primeiros na batalha, as forças de Huan Hsuan foram cercadas, tiveram de queimar toda a sua carga e fugiram por dois dias e duas noites sem parar. Chang Yu conta uma história um tanto similar sobre Chao Ying-ch'i, um general do Estado de Chin que, durante a batalha com o exército de Ch'u, em 597 a.C., tinha um barco preparado para ele no rio, desejando em caso de derrota ser o primeiro a atravessá-lo.]

(3) um temperamento impetuoso, que pode ser provocado com insultos;

[Tu Mu nos conta que Yao Hsing, quando confrontado em 357 d.C. por Huang Mei, Teng Ch'iang e outros, trancou-se atrás de suas muralhas e recusou-se a lutar. Teng Ch'iang disse: "Nosso adversário tem um temperamento colérico e facilmente provocável; façamos ataques constantes e derrubemos suas muralhas, então ele ficará nervoso e sairá. Uma vez que consigamos trazer suas forças para a batalha, estará fadado a ser nossa presa". Esse plano foi levado a cabo, Yao Hsiang saiu para lutar, foi atraído para bem longe de San-yuan pela falsa retirada do inimigo, e finalmente atacado e assassinado.]

(4) Uma honra delicada que é sensível à vergonha;

[Isso não deve ser encarado como se significasse que um senso de honra é, na verdade, um defeito em um general. O que Sun Tzu condena é uma sensibilidade exagerada a relatórios difamadores, um homem emotivo que se deixa atingir pela infâmia, mesmo que não merecida. Mei Yao-ch'en observa, embora um tanto paradoxalmente: “Quem busca a glória não deve se importar com a opinião pública”.]

(5) ser solícito demais com seus homens, o que o expõe a preocupações e problemas.

[Aqui, novamente, Sun Tzu não quer dizer que o general deva ser descuidado em relação ao bem-estar de suas tropas. Tudo que ele deseja enfatizar é o perigo de sacrificar qualquer vantagem militar em favor do conforto imediato de seus homens. Esta é uma política de visão limitada, porque em longo prazo as tropas sofrerão mais com a derrota, ou, na melhor das hipóteses, com o prolongamento da guerra, que será a consequência. Um sentimento equivocado de pena induzirá com frequência um general a libertar uma cidade sitiada, ou reforçar um destacamento pressionado, contrariando seus instintos militares. Hoje é geralmente admitido que nossos repetidos esforços para libertar Ladysmith na guerra da África do Sul contiveram tantos erros estratégicos que acabaram indo contra seu propósito. E, no final, a liberdade veio por meio do mesmo homem que começou com a distinta resolução de não mais subordinar os interesses do todo ao sentimento em favor de uma parte. Um velho soldado de um de nossos generais que falhou de forma mais notória nessa guerra tentou uma vez, eu me lembro, defendê-lo para mim com base na premissa de que ele sempre foi “tão bom para seus homens”. Por esse apelo, se ele soubesse, ele estava apenas o condenando pela boca de Sun Tzu.]

13. Esses são os cinco pecados habituais de um general, desastrosos na conduta da guerra.
14. Quando um exército é superado e seus líderes são assassinados, a causa, com certeza, será encontrada entre esses cinco erros perigosos. Deixe que sejam um objeto de meditação.

CAPÍTULO 9

O EXÉRCITO EM MOVIMENTO

[Os conteúdos deste interessante capítulo estão mais bem indicados no primeiro parágrafo do que neste título.]

1. Sun Tzu disse: chegamos agora à questão de acampar o exército e observar os sinais do inimigo. Passe rapidamente pelas montanhas e fique nos arredores dos vales. [A ideia é não se demorar em lugares altos e estéreis, mas ficar perto dos suprimentos de água e grama. Cf. Wu Tzu, capítulo 3: "Não permaneça em fornos naturais", ou seja, "as aberturas dos vales". Chang Yu conta a seguinte anedota: Wu-tu Ch'iang foi chefe de um bando de assaltantes nos tempos do último Han, e Ma Yuan foi mandado para exterminar sua gangue. Como Ch'iang tinha encontrado um refúgio nas colinas, Ma Yuan não fez tentativa de forçar a batalha, mas controlou todas as posições favoráveis dominando os suprimentos de água e alimentação. Ch'iang logo estava em uma situação tão

desesperadora pela falta de provisões que foi forçado a se render totalmente. Ele não sabia da vantagem de ficar nos arredores dos vales".]

2. Acampe em lugares altos,

[Não em altas colinas, mas em morros e montes elevados acima do terreno.]

de frente para o sol.

[Tu Mu entende isso como "de frente para o sul", e Ch'en Hao, "de frente para o leste". Cf. *infra*, parágrafos 11, 13.]

Não escale alturas para poder lutar. Basta de guerra nas montanhas.

3. Depois de cruzar um rio, você deveria ir para bem longe dele.

["Para induzir o inimigo a atravessar depois de você", de acordo com Ts'ao Kung, e também, diz Chang Yu, "para não ser impedido em suas evoluções". Lê-se no T'ung Tien: "Se um inimigo atravessar um rio" etc. Mas, tendo em vista a próxima sentença, essa é quase com certeza uma interpolação.]

4. Quando uma força invasora atravessa um rio em sua marcha, não avance para encontrá-la no meio da corrente. Será melhor deixar metade do exército atravessar, então atacar.

[Li Ch'uan faz alusão à grande vitória de Han Hsin sobre Lung Chu no rio Wei. Voltando-nos para o *Ch'ien Han Shu*, capítulo 34, f. 6, verso, encontramos a batalha descrita da seguinte forma: "Os dois exércitos estavam reunidos nas margens opostas do rio. Durante a noite, Han Hsin ordenou a seus homens que pegassem cerca de dez mil sacos cheios de areia e construíssem uma barragem rio acima. Então, levando metade de seu exército para o outro lado, ele atacou Lung Chu; mas depois de um tempo, fingindo que havia falhado em sua tentativa, ele rapidamente bateu em retirada para a outra margem. Lung Chu ficou muito eufórico por esse sucesso inesperado e, exclamando 'Eu sabia que Han Hsin era um covarde mesmo!', ele o perseguiu e começou a atravessar o rio. Han Hsin mandou então um grupo de soldados para cortar os sacos de areia, assim liberando um grande volume de água, que correu rio abaixo e impediu que a maior parte do exército de Lung Chu atravessasse. Ele então se voltou para os soldados que foram separados e os aniquilou, com o próprio Lung Chu entre os assassinados. O resto do exército, na margem oposta, também debandou e fugiu em diversas direções".]

5. Se você está ansioso para lutar, não deve ir encontrar o invasor perto de um rio que ele precisa atravessar.

[Por medo de evitar sua travessia.]

6. Amarre sua embarcação acima da posição de seu inimigo e de frente para o sol.

[Veja *supra*, parágrafo 2. A repetição dessas palavras em conexão com a água é bem esquisita. Chang Yu tem a nota: "Dito ou de tropas postadas às margens do rio, ou barcos ancorados no próprio rio; em ambos os casos, é essencial estar acima do inimigo e de frente para o sol". Os outros comentaristas não são nem um pouco explícitos.]

Não se mova rio acima para encontrar o inimigo.

[Tu Mu diz: "Como a água flui para baixo, não devemos montar nosso acampamento nas partes baixas do rio, por medo de o inimigo abrir as comportas e nos varrer com a inundação. Chu-ko Wu-hou observou que, 'em batalhas navais, não devemos avançar contra a corrente', o que é a mesma coisa que dizer que nossa frota não deve estar ancorada abaixo da do inimigo, porque então eles poderiam tirar vantagem da correnteza e nos eliminar facilmente". Existe também o perigo, notado por outros comentaristas, de o inimigo jogar veneno na água para que este seja levado até nós.]

Basta de batalhas em rios.

7. Ao atravessar salinas, sua única preocupação deve ser atravessá-las rapidamente, sem demora.

[Por causa da falta de água fresca, da baixa qualidade da vegetação e, por último, mas não menos importante, porque elas são baixas, planas e expostas ao ataque.]

8. Se forçado a lutar em uma salina, você deve ter água e grama por perto, e suas costas voltadas para um bosque.

[Li Ch'uan observa que o terreno tende a ser menos traiçoeiro onde existem árvores, enquanto Tu Mu diz que elas servirão para proteger a retaguarda.]

Basta de operações em salinas.

9. No terreno plano e seco, ocupe uma posição de fácil acesso com uma elevação à sua direta e em sua retaguarda,

[Tu Mu cita T'ai Kung dizendo: "Um exército deve ter o rio ou o pântano à sua esquerda, e uma colina ou monte à sua direita.]

para que o perigo esteja à frente, e a segurança esteja na retaguarda. Basta de campanhas em terreno plano.

10. Esses são os quatro ramos úteis do conhecimento militar

[Nominalmente, os ramos relacionados com (1) montanhas, (2) rios, (3) pântanos e (4) planícies. Compare às "Máximas Militares" de Napoleão, número 1.]

que possibilitaram ao Imperador Amarelo derrotar quatro grandes soberanias.

[Sobre o "Imperador Amarelo": Mei Yao-ch'en pergunta, com alguma plausibilidade, se existe um erro no texto, já que nada se sabe sobre Huang Ti ter conquistado outros quatro imperadores. O *Shih Chi* (capítulo 1 *ad init.*) fala apenas de sua vitória sobre Yen Ti e Ch'ih Yu. No *Liu T'ao* é mencionado que ele "lutou setenta batalhas e pacificou o império". A explicação de Ts'ao Kung é de que o Imperador Amarelo foi o primeiro a instituir o sistema feudal de príncipes vassalos, e cada um deles (eram quatro) originalmente carregava o título de imperador. Li Ch'uan nos conta que a arte da guerra se originou sob Huang Ti, que a recebeu de seu ministro Feng Hou.]

11. Todo exército prefere terrenos elevados aos baixos,

["Terreno elevado", diz Mei Yao-ch'em, "não só é mais agradável e salutar, como mais conveniente de um ponto de vista militar; os terrenos baixos não só são úmidos e insalubres, mas também desvantajosos para a luta.]

e lugares ensolarados a escuros.

12. Se você for um homem cuidadoso,

[Ts'ao Kung diz: "Vá para a água fresca e pasto, onde você pode deixar que seus animais pastem".]

e acampar em solo firme, o exército está livre de doenças de todo tipo,

[Chang Yu diz: "O clima seco evitará um surto de doença".]

e isso vai significar a vitória.

13. Quando você chegar a uma colina ou uma margem de rio, ocupe o lado ensolarado, com a encosta em sua retaguarda à direita. Assim você atuará em benefício de seus soldados, utilizando as vantagens naturais do terreno.

14. Quando, em consequência de forte chuva no interior do país, um rio que você queria atravessar estiver cheio e salpicado com espuma, você deve esperar até que diminua.

15. Terrenos em que existem grandes penhascos com torrentes correndo entre eles, covas naturais profundas,

[Estas últimas definidas como "lugares cercados por barrancos íngremes, com poças de água no fundo".]

lugares apertados,

[Definido como "cadeias ou prisões naturais" ou "lugares cercados por precipícios de três lados – fáceis de entrar, mas difíceis de sair".]

matas emaranhadas,

[Definido como "lugares cobertos com um matagal tão denso que lanças não podem ser usadas".]

lamaçais

[Definidos como "lugares baixos, tão carregados de lama que se tornam impossíveis de passar com carroças ou a cavalo".]
e fissuras
[Definidas por Mei Yao-ch'en como "uma passagem difícil e apertada entre falésias". A nota de Tu Mu é "terreno coberto com árvores e pedras, e cortado por ravinas e obstáculos". Isso é bastante vago, mas Chia Lin explica de modo bem claro como um desfiladeiro ou uma passagem estreita, e Chang Yu tem basicamente a mesma visão. No total, os comentaristas inclinam-se certamente para a tradução "desfiladeiro". Mas o significado comum da palavra em chinês em um lugar é "uma rachadura ou fissura", e o fato de o significado da palavra em outro lugar da sentença expressar algo no sentido de desfiladeiro me faz pensar que Sun Tzu está aqui falando de fissuras.]
devem ser abandonados com a maior velocidade possível e não abordados.

16. Enquanto mantemos distância de lugares assim, devemos fazer com que o inimigo se aproxime deles; enquanto os encaramos, devemos fazer com que o inimigo os tenha em sua retaguarda.

17. Se nas proximidades do seu acampamento houver algum terreno montanhoso, lago cercado por vegetação aquática, bacias rasas cheias de junco, ou florestas com vegetação alta, essas áreas devem ser cuidadosamente rodeadas e vasculhadas; porque esses são lugares onde homens em emboscada ou espiões insidiosos provavelmente se escondem.

[Chang Yu tem esta nota: "Devemos também manter nossa guarda alta contra traidores que espreitam em esconderijos próximos, secretamente investigando nossas fraquezas e ouvindo nossas instruções".]

18. Quando o inimigo está bem próximo e permanece quieto, ele está confiando na força natural de sua posição.

[Aqui começam as observações de Sun Tzu na leitura dos sinais; muitas delas são tão boas que quase poderiam ser inclusas em um manual moderno como o *Aids to Scouting* do general Baden-Powell.]

19. Quando ele se mantém indiferente e tenta provocar uma batalha, está ansioso para que o outro lado avance.

[Provavelmente porque estamos em uma boa posição da qual ele deseja nos deslocar. "Se ele chegasse perto de nós", diz Tu Mu, "e tentasse forçar uma batalha, ele pareceria nos desprezar, e haveria menos probabilidade de respondermos ao desafio."]

20. Se seu lugar de acampamento é de fácil acesso, ele está jogando uma isca.

21. Movimento entre as árvores de uma floresta mostra que o inimigo está avançando.

[Ts'ao Kung explica isso como "sentir como se as árvores estivessem abrindo passagem", e Chang Yu diz: "Todo homem envia batedores para escalar lugares altos e observar o inimigo. Se um batedor vê que as árvores de uma floresta estão se movimentando e balançando, ele pode saber que elas estão sendo cortadas para abrir passagem para a marcha do inimigo".]

O aparecimento de várias frestas em meio à vegetação densa significa que o inimigo quer nos deixar suspeitosos.

[A explicação de Tu Yu, emprestada de Ts'ao Kung, é a seguinte: "A presença de várias frestas ou pequenos abrigos em meio a vegetação densa é um claro sinal de que o inimigo fugiu e, temendo perseguição, construiu esses esconderijos para nos fazer suspeitar de uma emboscada". Pelo visto, essas "frestas" eram amarradas apressadamente em qualquer mato alto que o inimigo viesse a encontrar.]

22. O subir dos pássaros em seu voo é o sinal de uma emboscada.

[A explicação de Chang Yu é, sem dúvida alguma, correta: "Quando pássaros que estão voando juntos em linha reta disparam para cima, significa que soldados estão armando uma emboscada na posição abaixo".]

Animais sobressaltados indicam que um ataque repentino se aproxima.

23. Quando existe poeira subindo em altas colunas, entende-se que seja um sinal de carruagens avançando; quando a poeira está baixa, mas se espalha por uma grande área, tem-se um indicativo da aproximação de infantaria.

["Alta e pontuda", ou subindo em ponta, é um tanto exagerado de se aplicar à poeira, claro. Os comentaristas explicam o fenômeno dizendo que cavalos e carruagens, sendo mais pesados que homens, levantam mais poeira e seguem um atrás do outro, enquanto soldados a pé deveriam marchar em muitas fileiras, lado a lado. De acordo com Chang Yu, "todo exército em marcha deve ter batedores a certa distância adiante que, ao avistarem poeira levantada pelo inimigo, voltarão galopando e reportarão ao comandante-chefe". Cf. general Baden-Powell: "Enquanto você atravessa, digamos, por território hostil, seus olhos devem estar procurando ao longe pelo inimigo ou por qualquer sinal de sua presença: figuras, poeira subindo, pássaros levantando voo, o brilho de armas etc."[1]]

Quando se divide em direções diferentes, mostra que grupos foram mandados para coletar lenha. Algumas nuvens de poeira indo e voltando são indícios de que o inimigo está montando acampamento.

[Chang Yu diz: "Ao atribuir as defesas a um acantonamento, cavalos leves serão mandados para sondar e determinar os pontos fracos e fortes de todo o arredor. Daí a pequena quantidade de poeira e seu movimento".]

24. Palavras modestas e preparação crescente são sinais de que o inimigo está prestes a avançar.

["Como se eles estivessem com grande medo de nós", diz Tu Mu. "O real objetivo deles é nos deixar desdenhosos e descuidados, depois disso irão nos atacar." Chang Yu alude à história de T'ien Tan de Ch'i-mo contra as forças Yen, lideradas por Ch'i Chieh. No capítulo 82 do *Shih Chi*, lemos: "T'ien Tan disse abertamente: 'meu único medo é que o exérci-

---

[1] *Aids to Scouting*, p. 26.

to Yen possa cortar os narizes de seus prisioneiros Ch'i e posicioná-los na fileira da frente para lutar contra nós; isso seria o fim de nossa cidade'. O outro lado, sendo informado desse discurso, agiu como foi sugerido; mas aqueles dentro da cidade ficaram enfurecidos ao ver seus compatriotas mutilados desse jeito e, temendo apenas cair nas mãos do inimigo, foram encorajados a se defender mais obstinadamente do que nunca. Mais uma vez, T'ien Tan mandou de volta espiões convertidos, que reportaram estas palavras aos inimigos: 'O que mais temo é que os homens do Yen cavem as tumbas antigas fora da cidade e, infligindo essa indignidade aos nossos ancestrais, causem nossa covardia'. Sem demora, os inimigos que faziam cerco à cidade cavaram todas as sepulturas e queimaram os corpos que nelas jaziam. E os habitantes de Chi-mo, testemunhando essa afronta dos muros da cidade, choraram apaixonadamente e ficaram todos impacientes para sair e lutar, com sua fúria aumentada em dez vezes. T'ien Tan soube então que seus soldados estavam prontos para qualquer negócio. Mas em vez de uma espada, ele mesmo pegou uma picareta nas mãos e ordenou que outras fossem distribuídas entre seus melhores guerreiros, enquanto as fileiras eram completadas por suas esposas e concubinas. Ele então serviu toda a provisão restante e instruiu seus homens para que comessem até se fartar. Aos outros soldados foi dito para que ficassem escondidos, e as muralhas foram ocupadas com os homens mais velhos e fracos e com mulheres. Isso feito, foram despachados emissários para o campo inimigo para negociar os termos da rendição, ao que o exército de Yen começou a gritar de alegria. T'ien Tan também coletou mais de meia tonelada de prata do povo e fez com que os cidadãos mais abastados de Chi-mo mandassem tudo para o general de Yen com os votos de que, quando a cidade se rendesse, ele não permitisse que suas casas fossem saqueadas e suas mulheres, maltratadas. Ch'i Chieh, de muito bom humor, atendeu àquelas preces; mas seu exército agora se tornara gradativamente mais relaxado e descuidado. Enquanto isso, T'ien Tan reuniu mil touros, enfeitou-os com pedaços de seda vermelha, pintou seus corpos com listras coloridas, como dragões, amarrou lâminas afiadas em seus chifres e amarrou juncos bem engraxados em seus rabos. Quando a noite chegou, ele acendeu a ponta dos juncos e guiou os touros por uma série de buracos que havia aberto nos muros; junto deles, foram cinco mil homens selecionados. Os animais, enlouquecidos de dor, dispararam furiosamente para o acampamento inimigo, onde causaram o maior caos e confusão; pois seus rabos atuaram como tochas, mostrando os desenhos apavorantes em seus corpos, e as armas em seus chifres matavam ou feriam todos com quem eles entrassem em contato. Enquanto isso, o bando de cinco mil se esgueirou com mordaças nas bocas e agora se jogava sobre o inimigo. No mesmo momento, um ruído horripilante levantou-se na própria cidade; todos aqueles que haviam ficado para trás fazendo o máximo de barulho possível, batendo bumbos e martelando vasilhas de bronze, até que céu e terra estivessem transtornados com o alvoroço. Aterrorizado, o exército Yen fugiu, desordenado, perseguido de perto pelos homens de Ch'i, que foi bem-sucedido em assassinar o general Ch'i Chien. [...] O resultado da batalha foi a recuperação definitiva de cerca de setenta cidades que pertenciam ao Estado de Ch'i".]

Linguagem violenta e avanço como se fosse atacar são sinais de que ele baterá em retirada.

25. Quando as carruagens leves saem primeiro e assumem uma posição nos flancos, tem-se o sinal de que o inimigo está se organizando para batalha.

26. Propostas de paz desacompanhadas de uma aliança juramentada indicam uma conspiração.

[A leitura aqui não é certa. Li Ch'uan indica "um tratado confirmado por juramento e reféns". Wang Hsi e Chang Yu, por sua vez, simplesmente dizem "sem razão", "sob um pretexto frívolo".]

27. Quando existe muita correria

[Cada homem se apressando para o lugar adequado, sob o estandarte de seu próprio regimento.]

e os soldados se organizam em fila, isso significa que o momento crítico chegou.

28. Quando alguns são vistos avançando e outros retrocedendo, trata-se de uma isca.

29. Quando os soldados param escorados em suas lanças, estão com tontura de fome.

30. Se aqueles que foram mandados para buscar água começam eles mesmos a beber, o exército está sofrendo de sede.

[Como observa Tu Mu: "É possível saber das condições de um exército inteiro pelo comportamento de um único homem".]

31. Se o inimigo vê uma vantagem a ser conquistada e não faz esforço nenhum para consegui-la, os soldados estão exaustos.

32. Se pássaros se agrupam em algum ponto, ele não está ocupado.

[Um fato útil para se ter em mente quando, por exemplo, como Ch'en Hao diz, o inimigo abandonou secretamente seu acampamento.]

Tumulto de noite indica nervosismo.

33. Se existe perturbação no acampamento, a autoridade do general é fraca. Se estandartes e bandeiras estão virados, insubordinação se aproxima. Se os oficiais estão irritados, significa que os homens estão exaustos.

[Tu Mu entende a sentença de outra forma: "Se todos os oficiais de um exército estão irritados com seu general, isso significa que eles estão quebrados pelo cansaço" em decorrência do esforço extremo que ele demandou deles.]

34. Quando um exército alimenta seus cavalos com grãos e mata seu gado para se alimentar,

[Em situação normal, os homens seriam alimentados com grãos, e os cavalos, principalmente com grama.]

e quando os homens não penduram suas panelas na fogueira, mostrando que não retornarão para suas tendas, você pode saber que eles estão determinados a lutar até a morte.

[Devo citar aqui a elucidativa passagem do *Hou Han Shu*, capítulo 71, dada em forma abreviada pelo *P'ei Wen Yun Fu*: "O rebelde Wang Kuo de Liang fazia cerco à cidade de Ch'en-ts'ang, e Huang-fu Sung, que estava no comando supremo, e Tung Cho foram mandados contra ele. O último pressionou por medidas rápidas, mas Sung ignorou seu conselho. Finalmente, os rebeldes foram profundamente desgastados e começaram eles mesmos a largar suas armas. Sung não avançava para atacar, mas Cho disse: 'É um princípio da guerra não perseguir homens desesperados e não pressionar hordas em retirada'. Sung respondeu: 'Isso não se aplica aqui. O que estou prestes a atacar é um exército exausto, não uma horda em retirada; com tropas disciplinadas, cairei sobre uma multidão desorganizada, não um bando de homens desesperados'. Imediatamente, ele avança para o ataque sem a aprovação de seu colega e cerca o inimigo, matando Wang Kuo".]

35. A visão de homens cochichando juntos em grupinhos ou falando em um tom mais baixo aponta para descontentamento entre as fileiras.

36. Recompensas frequentes demais significam que o inimigo está no fim de seus recursos;

[Porque, quando um exército está pressionado demais, como Tu Mu diz, há sempre o medo de um motim, e recompensas generosas são dadas para manter os homens de bom humor.]

muitas punições entregam uma condição de angústia terrível.

[Porque nesse caso a disciplina fica mais relaxada, e a severidade incomum é necessária para manter os homens na linha.]

37. Começar sendo arrogante, mas depois ficar assustado com os números do inimigo, mostra suprema falta de inteligência.

[Sigo a interpretação de Ts'ao Kung, também adotada por Li Ch'uan, Tu Mu e Chang Yu. Outro possível significado levantado por Tu Yu, Chia Lin, Mei Tao-ch'en e Wang Hsi é: "O general que é primeiramente tirânico com seus homens, mas depois se aterroriza com medo de que eles se amotinem etc.". Isso conectaria a frase com a anterior, sobre recompensas e punições.]

38. Quando emissários são enviados com cumprimentos em suas bocas, isso é um sinal de que o inimigo deseja uma trégua.

[Tu Mu diz: "Se o inimigo inicia relações amistosas mandando prisioneiros, isso é um sinal de que eles estão ansiosos por um cessar-fogo, porque suas forças estão exauridas ou por algum outro motivo". Mas não é nem um pouco necessário um Sun Tzu para chegar a uma conclusão tão óbvia.]

39. Se as tropas inimigas marcham raivosamente e continua encarando nossas tropas por um longo tempo sem começar a batalha nem se retirar, a situação demanda grande vigilância e cautela.

[Ts'ao Kung diz que uma manobra como essa pode ser apenas um truque para ganhar algum tempo para um ataque pelos flancos ou para o preparo de uma emboscada.]

40. Se suas tropas não estiverem em maior número que as do inimigo, isso é amplamente suficiente; significa apenas que nenhum ataque direto deve ser feito.

[Literalmente, "nenhum avanço marcial". Ou seja, táticas *cheng* e ataques frontais devem ser evitados; em vez disso, deve ser feito uso de estratagemas.]

O que podemos fazer é simplesmente concentrar toda a força disponível, observar com atenção o inimigo, e obter reforços.

[Esta é uma frase obscura, e nenhum comentarista consegue tirar um bom sentido dela. Sigo Li Ch'uan, que parece oferecer a explicação mais simples: "Apenas o lado que conseguir mais homens vencerá". Felizmente temos Chang Yu para expor seu significado para nós em uma linguagem que é a própria lucidez: "Quando os números são iguais, e nenhuma abertura favorável se apresenta, apesar de talvez não sermos fortes o suficiente para aplicar um ataque prolongado, podemos achar recrutas adicionais entre nossos comerciantes e agregados do acampamento, e então, concentrando nossas forças e observando o inimigo atentamente, tramar para obter a vitória. Mas devemos evitar emprestar soldados estrangeiros para nos ajudar". Ele então cita Wei Liao Tzu, capítulo 3: "A força nominal de uma tropa mercenária pode ser cem mil, mas seu valor real não será mais que a metade desse número".]

41. Aquele que não exercita a prudência e faz pouco de seu oponente com certeza será capturado por eles.

[Ch'en Hao, citando do *Tso Chuan*, diz: "Se abelhas e escorpiões carregam veneno, imagine então um estado hostil! Nem mesmo um oponente insignificante deve, portanto, ser tratado com desprezo".]

42. Se soldados são punidos antes que se afeiçoem a você, eles não irão se submeter; e, se não se submeterem, serão praticamente inúteis. Se, quando os soldados tiverem se afeiçoado a você, a punição não for aplicada, eles continuarão sendo inúteis.

43. Portanto, soldados devem ser tratados primeiramente com humanidade, mas mantidos sob controle por meio de uma disciplina de ferro.

[Yen Tzu [493 a.C.] disse de Ssu-ma Jang-chu: "Suas virtudes civis o tornaram querido pelo seu povo; sua destreza militar deixou seus inimigos admirados". Cf. Wu Tzu, capítulo 4, *init.*: "O comandante ideal une cultura com um temperamento bélico; o ofício militar requer uma combinação de rigidez e sensibilidade".]

Esse é um caminho garantido para vitória.

44. Se, no treinamento dos soldados, comandos forem habitualmente aplicados, o exército estará bem disciplinado; caso contrário, sua disciplina será ruim.

45. Se um general mostra confiança em seus homens mas sempre insiste que suas ordens devem ser obedecidas,

[Tu Mu diz: "Um general deve, em tempos de paz, demonstrar bondosa confiança em seus homens e também fazer com que sua autoridade seja respeitada, de modo que, quando eles vierem a enfrentar o inimigo, as ordens sejam executadas e a disciplina, mantida, porque todos eles confiam e se espelham nele". O que Sun Tzu disse no parágrafo 44, contudo, poderia fazer alguém esperar algo assim: "Se um general é sempre confiante de que suas ordens serão sempre cumpridas" etc.]

o ganho será mútuo.

[Chang Yu diz: "O general tem confiança nos homens sob seu comando, e os homens são dóceis, tendo confiança nele. Assim o ganho é mútuo". Ele cita uma sentença carregada de sentidos de Wei Liao Tzu, capítulo 4: "A arte de dar ordens é não tentar retificar pequenos deslizes e não ser abalado por pequenas dúvidas". Vacilação e desorientação são os modos mais garantidos de drenar a confiança de um exército.]

CAPÍTULO 10

TERRENO

[Apenas cerca de um terço do capítulo, compreendendo os parágrafos 1 até 13, fala sobre "terreno"; o assunto é tratado mais a fundo no capítulo 11. As "seis calamidades" são discutidas dos parágrafos 14 até 20, e o resto do capítulo é novamente apenas uma sequência de observações desconexas, mas não menos interessantes, talvez, sobre esse assunto.]

1. Sun Tzu disse: "Podemos distinguir seis tipos de terrenos, a saber: (1) terreno acessível;

[Mei Yao-ch'en diz: "amplamente provido de estradas e meios de comunicações".]

(2) terreno de complicações;

[O mesmo comentarista diz: "Terreno parecido com uma rede: quando você se aventura por ele, emaranha-se".]

(3) terreno de impasse;

[Terreno que permite que você "evite" ou "atrase".]

(4) passagens estreitas; (5) alturas íngremes; (6) posições a uma longa distância do inimigo.

[Quase não é necessário apontar a imprecisão dessa classificação. Uma estranha falta de percepção lógica é mostrada pela aceitação inquestionável do homem chinês de divisões evidentemente cruzadas com as já mencionadas.]

2. Terreno que pode ser livremente atravessado por ambos os lados é chamado de *acessível*.

3. A respeito do terreno dessa natureza, ocupe antes do inimigo os lugares elevados e ensolarados e proteja com cuidado sua linha de suprimentos.

[O sentido geral da última frase é, indubitavelmente, como Tu Yu diz, "não permitir que o inimigo corte sua comunicação". Pela perspectiva do dito de Napoleão, "o segredo da guerra está nas comunicações",[1] poderíamos desejar que Sun Tzu tivesse feito mais do que dar apenas uma pincelada nesse importante assunto aqui e no capítulo 1, parágrafo 10, e capítulo 7, parágrafo 11. O coronel Henderson diz: "Pode-se dizer que a linha de suprimentos é tão vital para a existência de um exército quanto o coração é para a vida do ser humano. Assim como o duelista que encontra a ponta da espada de seu adversário ameaçando-o com a morte certa e sua guarda perdida é compelido a se adequar aos movimentos de seu adversário e se contentar em apenas repelir seus ataques, também o comandante cujas comunicações são repentinamente ameaçadas se encontra em uma falsa posição, e terá sorte se não tiver de mudar todos os seus

---

1 Veja *Pensées de Napoléon 1er*, n. 47.

planos, dividir sua força em destacamentos mais ou menos isolados e lutar com números inferiores em um terreno em que ele não teve tempo de se preparar, e onde a derrota não será nenhuma falha comum, mas implicará a ruína ou rendição de todo o seu exército".[2]]

Então você será capaz de lutar com vantagem.

4. Um terreno que pode ser abandonado, mas é difícil de ser reocupado, é chamado de *terreno de complicações.*
5. De uma situação assim, se o inimigo estiver despreparado, você deve avançar e derrotá-lo. Mas se o inimigo estiver preparado para seu avanço, e você falhar em derrotá-lo, então, o retorno sendo impossível, o desastre acontecerá.
6. Quando a situação é tal que nenhum dos lados ganhará nada dando o primeiro passo, tem-se o chamado *terreno de impasse.*

   [Tu Mu diz: "Os dois lados acham inconveniente se mover, e a situação se mantém em um entrave".]
7. Em uma situação desse tipo, mesmo que o inimigo nos ofereça uma isca atraente,

   [Tu Yu diz "virar as costas para nós e fingir fugir". Mas essa é apenas uma das iscas que podem nos induzir a sair de nossa posição.]

   será aconselhável não avançar, mas também não recuar, assim atraindo o inimigo a fazer seu movimento; então,

---

[2] *The Science of War*, capítulo 2.

quando parte de seu exército tiver saído, devemos aplicar nosso ataque com a vantagem.

8. A respeito de *passagens estreitas*, se você puder ocupá-las primeiro, faça com que a área seja fortemente guarnecida e espere pela chegada do inimigo.

[Porque então, como Tu Yu observa, "a iniciativa estará conosco, e fazendo um ataque repentino e inesperado, deveremos ter o inimigo à nossa mercê".]

9. Se um exército evitar sua ocupação de uma passagem, não o persiga se a passagem estiver fortemente guarnecida, mas apenas se ela estiver pouco guarnecida.

10. A respeito de *alturas íngremes*, se você estiver à frente de seu adversário, deve ocupar os lugares elevados e ensolarados e então esperar ele aparecer.

[Ts'ao Kung diz: "A vantagem particular de ocupar colinas e desfiladeiros é que então suas ações não podem ser ditadas pelo inimigo". (Para o enunciado do grande princípio aludido, veja capítulo 6, parágrafo 2.) Chang Yu conta a seguinte anedota sobre P'ei Hsing-chien (619-682 d.C.), mandado em uma expedição de punição contra as tribos turcas: "De noite, ele armou seu acampamento como de costume, e já havia sido completamente fortificado com muros e fosso, quando de repente deu ordens para o exército passar seu alojamento para uma colina próxima. Isso causou bastante descontentamento em seus oficiais, que protestaram em alto e bom som contra a fadiga extra que acarretaria em seus homens. P'ei Hsing-chiem, entretanto, não deu ouvi dos às admoestações e fez com que o acampamento fosse movido o mais rápido possível. Na mesma noite, houve uma tempestade terrível, que inundou o antigo lugar de acampamento em mais de três metros e meio. Os oficiais recalcitrantes ficaram pasmos ao ver aquilo e reconheceram que estavam errados. 'Como você sabia o que ia acontecer?', eles perguntaram. P'ei Hsing-chien respondeu: 'De agora em diante, contentem-se em obedecer às ordens sem fazer perguntas desnecessárias'. Disso pode ser visto", Chang Yu continua, "que lugares altos e ensolarados não são vantajosos apenas para lutar, mas também porque são imunes a enchentes desastrosas".]

11. Se o inimigo as ocupou antes de você, não o siga; retroceda e tente atraí-lo para fora.

[O ponto de virada na campanha de Li Shih-min em 621 d.C. contra os dois rebeldes, Tou Chien-te, rei de Hsia, e Wang Shih-Ch'ung, príncipe de Cheng, foi o domínio das elevações de Wu-lao; apesar disso, Tou Chien-te persistiu em sua tentativa de ajudar seu aliado em Lo-yang, foi derrotado e levado prisioneiro. Veja *Chiu T'ang Shu*, capítulo 2, f. 5, verso, e também capítulo 54.]

12. Se você está a uma grande distância do inimigo e as forças dos dois são equivalentes, não é fácil provocar uma batalha,

[O argumento é que não devemos pensar em promover uma longa e cansativa marcha, no final da qual, como diz Tu Yu, "estaremos exaustos, e nosso adversário, descansado e alerta".]

e lutar será uma desvantagem para você.

13. Esses três são os princípios conectados com a Terra.

[Ou, talvez, "os princípios relacionados com o terreno". Veja, contudo, capítulo 1, parágrafo 8.]

O general que conseguiu um posto de responsabilidade deve ser cuidadoso em estudá-los.

14. Agora, um exército está exposto a seis graves calamidades, não chegando pelas causas naturais, mas por erros pelos quais o general é responsável. Estes são: (1) fuga; (2) insubordinação; (3) colapso; (4) ruína; (5) desorganização; (6) derrota.

15. Outras condições sendo iguais, se uma força é lançada contra outra que tem dez vezes o seu tamanho, o resultado será a *fuga* da primeira.

16. Quando os soldados comuns são muito fortes e seus oficiais, muito fracos, o resultado é a *insubordinação*.

[Tu Mu cita o infeliz caso de T'ien Pu [*Hsin T'ang Shu*, capítulo 148], que foi mandado para Wei em 821 d.C. com ordens de liderar um exército contra Wang T'ing-ts'ou. Mas no tempo todo em que ele esteve no comando, seus soldados o tratavam com o maior desprezo e desrespeitavam sua autoridade abertamente, andando pelo campo em burricos aos milhares. T'ien Pu foi impotente para colocar um fim nessa conduta, e quando, depois de alguns meses se passarem, ele fez uma tentativa de enfrentar o inimigo, suas tropas deram meia-volta e dispersaram em várias direções. Depois disso, o infeliz cometeu suicídio cortando a própria garganta.]

Quando os oficiais são muito fortes e os soldados comuns, muito fracos, o resultado é o *colapso*.

[Ts'ao Kung diz: "Os oficiais são enérgicos e querem pressionar, os soldados comuns são fracos e de repente colapsam".]

17. Quando os oficiais de alta patente estão raivosos e insubordinados, e ao encontrar o inimigo começam a batalha por conta própria por puro ressentimento, antes que o comandante-chefe possa dizer se estão ou não em posição de lutar, o resultado é *ruína*.

[A nota de Wang Hsi é: "Isso significa que o general está raivoso sem motivo, e ao mesmo tempo não aprecia a habilidade de seus oficiais subordinados; assim, ele alimenta um grande ressentimento e ocasiona uma avalanche de ruína sobre a própria cabeça".]

18. Quando o general é fraco e não tem autoridade; quando suas ordens não são claras e distintas;

[Wei Liao Tzu (capítulo 4) diz: "Se o comandante der suas ordens com firmeza, os soldados não esperarão para ouvi-las duas vezes; se os movimentos são feitos sem hesitação, os soldados não vacilarão antes de executar suas tarefas". O general Baden-Powell diz, dando ênfase às palavras: "O segredo para extrair um bom trabalho de seus homens treinados se concentra em um ponto – na clareza das instruções que eles recebem".[3] Cf. também Wu Tzu, capítulo 3: "O de-

[3] *Aids to Scouting*, p. 12.

feito mais fatal em um líder militar é a discordância; a pior calamidade que recai sobre um exército vem da hesitação".]

quando não existem deveres predeterminados para oficiais e homens,

[Tu Mu diz: "Nem os oficiais, nem os homens têm uma rotina regular".]

e as fileiras são formadas de maneira desleixada e aleatória, o resultado é profunda *desorganização*.

19. Quando um general, incapaz de estimar a força do inimigo, permite que uma força inferior enfrente uma força superior, ou lança um destacamento fraco contra um poderoso e negligencia colocar soldados selecionados nas fileiras da frente, o resultado deve ser *derrota*.

[Chang Yu parafraseia a última parte da sentença e continua: "Onde quer que exista uma batalha para ser lutada, aqueles de ânimo mais aguçado deveriam ser destacados para servir na vanguarda, tanto para fortalecer a convicção de nossos homens quanto para desmoralizar o inimigo". Cf. as *primi ordines* de César (*De Bello Gallico*, V.28, 44, et al.).]

20. Essas são seis maneiras de cortejar a derrota, que devem ser cuidadosamente notadas pelo general que conseguiu uma posição de responsabilidade.

[Veja *supra*, parágrafo 13.]

21. A formação natural do terreno é o melhor aliado de um soldado;

[Ch'en Hao diz: "As vantagens do tempo e das estações não são iguais àquelas conectadas com o terreno".]

mas o poder de estimar o adversário, de controlar as forças da vitória e astutamente calcular as dificuldades, perigos e distâncias, constitui o teste de um grande general.

22. Aquele que conhece essas coisas e na batalha coloca seu conhecimento em prática vencerá suas batalhas. Aquele que não as conhece, nem as pratica, será certamente derrotado.

23. Se a luta resultará seguramente em vitória, então você deve lutar, mesmo que o soberano proíba; se a luta não resultará em vitória, então você não deve lutar, ainda que comandado pelo soberano.

[Cf. capítulo 8, parágrafo 3, *fin*. Huang Shih-kung, da dinastia Ch'in, que dizem ser o patrono de Chang Liang e ter escrito o *San Lueh*, tem estas palavras atribuídas a ele: "A responsabilidade de colocar um exército em movimento deve competir apenas ao general; se avanço e retrocesso forem controlados pelo Palácio, resultados brilhantes dificilmente serão conquistados. Portanto, o soberano semideus e o iluminado monarca ficam felizes em ter um papel humilde na promoção da causa do país (literalmente, ajoelhar para empurrar a roda da carruagem)". Isso significa que, "em assuntos que estejam além da zenana, a decisão do comandante militar deve ser absoluta". Chang Yu também cita o dito: "Os decretos do Filho dos Céus não penetram as muralhas do acampamento".]

24. O general que avança sem cobiçar fama e bate em retirada sem temer a desgraça,

[Foi Wellington, acho, quem disse que a coisa mais difícil de todas para um soldado é bater em retirada.]

cujo único pensamento é o de proteger seu país e prestar um bom serviço para seu soberano, é a joia do reino.

[Um pressentimento nobre, em poucas palavras, do "guerreiro feliz" chinês. Tal homem, diz Ho Shih, "mesmo se tivesse que sofrer punição, não se arrependeria de sua conduta".]

25. Considere seus soldados como seus filhos, e eles o seguirão pelos vales mais profundos; olhe por eles como seus amados filhos, e eles estarão ao seu lado mesmo na morte.

[Cf. capítulo 1, parágrafo 6. Nessa conexão, Tu Mu desenha para nós uma descrição interessante do famoso general Wu Ch'i, de quem o tratado sobre a guerra tenho frequentemente motivos para citar: "Ele vestia as mesmas roupas e comia a mesma comida que o menor de seus soldados, recusava um cavalo para cavalgar ou uma esteira para dormir, carregava a própria ração reserva enrolada em um pacote, e dividia cada dificuldade com seus homens. Um de seus soldados estava sofrendo com um abcesso, e Wu Ch'i em pessoa sugou o vírus para fora. A mãe do soldado, ouvindo isso, começou a chorar e se lamentar. Alguém a questionou, dizendo: 'Por que você chora? Seu filho é apenas um soldado comum, e ainda assim o comandante em pessoa sugou o veneno de sua ferida'. A mulher respondeu: 'Muitos anos atrás, Lorde Wu prestou um serviço parecido para meu marido, que depois nunca mais o deixou, e finalmente encontrou sua morte nas mãos do inimigo. E agora que ele fez o mesmo com meu filho, ele também cairá lutando sei lá onde'". Li Ch'uan menciona o visconde de Ch'u, que invadiu o pequeno estado de Hsiao durante o inverno. O duque de Shen disse a ele: "Muitos dos soldados estão sofrendo severamente pelo frio". Então ele fez uma ronda por todo o exército, confortando e encorajando seus homens; e imediatamente eles sentiram como se estivessem vestidos com roupas forradas com fio de seda.]

26. Se, no entanto, você for indulgente, mas incapaz de fazer sentir sua autoridade; tiver bom coração, mas for incapaz de fazer cumprir seus comandos; e for incapaz, mais ainda, de reprimir a desordem: então seus soldados serão como crianças mimadas; eles são inúteis para qualquer propósito prático.

[Li Ching uma vez disse que, se você puder fazer seus soldados terem medo de você, eles não teriam medo do inimigo. Tu Mu relembra um caso de intensa disciplina militar ocorrido em 219 d.C., quando Lu Meng ocupava a cidade de Chiang-ling. Ele havia dado ordens estritas para seu exército não importunar os habitantes, nem tomar nada deles à força. No entanto, um oficial servindo sob sua bandeira, que por acaso era um morador da cidade, arriscou apropriar-se de um chapéu de bambu que pertencia a um dos moradores, para colocar sobre seu capacete como proteção contra a chuva. Lu Meng considerou que o fato de ele ser também um nativo de Junan não deveria ser paliativo para amenizar uma clara violação de disciplina e, agindo de acordo, ordenou sua execução sumária, embora as lágrimas escorressem pelo seu rosto enquanto o fazia. Esse ato de severidade encheu o exército de admiração, e desse dia em diante nem itens caídos na estrada eram recolhidos.]

27. Se sabemos que nossos homens estão em condição de atacar, mas não perceberam que o inimigo não está aberto para atacar, fomos apenas metade do caminho em direção à vitória.

[Isto é, Ts'ao Kung diz, "o problema nesse caso é incerto".]

28. Se sabemos que o inimigo está aberto ao ataque, mas não percebemos que nossos próprios homens não estão em condições de atacar, fomos apenas metade do caminho em direção à vitória.

[Cf. capítulo 3, parágrafo 13 (1).]

29. Se sabemos que o inimigo está aberto ao ataque, e também sabemos que nossos homens estão em condições de atacar, mas não estamos cientes de que as condições do terreno tornam a luta impraticável, ainda fomos apenas metade do caminho em direção à vitória.

30. Portanto, o soldado experiente, uma vez em movimento, nunca fica desnorteado; uma vez que ele sai do acampamento, ele nunca está perdido.

[A razão para isso, de acordo com Tu Mu, é que ele tomou suas medidas com tanto cuidado a ponto de garantir a vitória de antemão. "Ele não se move de forma imprudente", diz Chang Yu, "então, quando ele se move, não comete erros."]

31. Por isso o dito: Se você conhece o inimigo e conhece a si mesmo, não haverá dúvidas quanto à vitória; se você conhece os céus e conhece a terra, pode tornar sua vitória completa.

[Li Ch'uan resume da seguinte forma: "Garantido o conhecimento de três coisas – os assuntos dos homens, as estações dos céus e as vantagens naturais da terra –, a vitória invariavelmente coroará suas batalhas".]

CAPÍTULO 11

AS NOVE SITUAÇÕES

1. Sun Tzu disse: A arte da guerra reconhece nove variedades de terreno: (1) terreno dispersivo; (2) terreno fácil; (3) terreno controverso; (4) terreno aberto; (5) terreno de encruzilhadas; (6) terreno sério; (7) terreno difícil; (8) terreno encurralado; (9) terreno desesperado.
2. Quando um líder está lutando em seu próprio território, é um terreno dispersivo.

   [Assim chamado porque os soldados estão próximos de suas casas e ansiosos para ver suas esposas e filhos, propensos a aproveitar a oportunidade dada pela batalha e dispersar em todas as direções. "Em seu avanço", observa Tu Mu, "faltar-lhes-á a coragem do desespero e, quando retrocederem, encontrarão portos seguros".]
3. Quando ele penetrou em território hostil, mas não muito, é um terreno fácil.

[Li Ch'uan e Ho Shih dizem "por causa da facilidade de bater em retirada", e os outros comentaristas dão explicações similares. Tu Mu observa: "Quando seu exército atravessou a fronteira, você deve queimar seus barcos e pontes, para deixar claro para todos que você não tem nenhum anseio de voltar para casa".]

4. O terreno cuja posse significa grande vantagem para qualquer dos lados é um terreno controverso.

[Tu Mu declarou esse terreno como território "a ser disputado". Ts'ao Kung diz: "terreno onde os poucos e fracos podem derrotar os muitos e fortes", como "o gargalo de uma passagem", exemplificado por Li Ch'uan. Assim, as Termópilas eram dessa classificação, porque seu domínio, mesmo que por apenas alguns dias, significou conter um exército invasor inteiro e assim ganhar tempo inestimável. Cf. Wu Tzu, capítulo 5, *ad init.*: "Para aqueles que precisam lutar na proporção de um para dez, não há nada melhor que uma passagem estreita". Quando Lu Kuang retornava de sua triunfante expedição ao Turquistão em 385 d.C., e chegou até I-ho carregado com espólios, Liang Hsi, administrador de Liang-chou, tirando vantagem da morte de Fu Chien, rei de Ch'in, fez um complô contra ele e barraria sua passagem para a província. Yang Han, governador de Kao-ch'ang, aconselhou-o, dizendo: "Lu Kuang está revigorado por suas vitórias no oeste, e seus soldados são vigorosos e corajosos. Se nos opusermos a ele nas areias do deserto, não seremos páreos para eles, e devemos, portanto, tentar um plano diferente. Vamos nos apressar em ocupar o desfiladeiro na boca da passagem de Kao-wu, assim cortando o suprimento de água deles, e, quando suas tropas estiverem prostradas com sede, poderemos ditar nossos próprios termos sem nos movermos. Ou, se você achar que a passagem que mencionei é muito longe, podemos enfrentá-lo na passagem de I-wu, que é mais perto. A astúcia e os recursos de Tzu-fang seriam gastos em vão contra a enorme força dessas duas posições". Liang Hsi, recusando-se a agir de acordo com seu conselho, foi superado e varrido pelo invasor.]

5. O terreno onde ambos os lados têm liberdade de movimento é terreno aberto.

[Existem várias interpretações do adjetivo chinês pra esse tipo de terreno. Ts'ao Kung diz que isso significa "terreno coberto com uma rede de estradas", como um tabuleiro de xadrez. Ho Shih sugeriu: "terreno onde a intercomunicação é fácil".]

6. O terreno na divisa de três estados contíguos,

[Ts'au Kung define isso como: "Nosso país ao lado do inimigo e um terceiro país contíguo aos dois". Meng Shih exemplifica o pequeno principado de Cheng, que era ligado a nordeste ao Ch'i, a oeste ao Chin, e ao sul ao Ch'u.]

em que aquele que o ocupa primeiro tem a maior parte do império sob seu comando,

[O beligerante que tem essa posição de domínio pode obrigar a maioria deles a se tornarem seus aliados.]

é um terreno de encruzilhadas.

7. Quando um exército penetrou no coração de um país hostil, deixando um número de cidades fortificadas em sua retaguarda, é um terreno sério.

[Wang Hsi explica o nome dizendo que, "quando um exército alcança esse ponto, sua situação é séria".]

8. Floresta de montanha,

[Ou simplesmente "floresta".]

escarpados, pântanos e brejos – todos terrenos difíceis de se atravessar; este é terreno difícil.

9. O terreno que é alcançado através de desfiladeiros estreitos é aquele por onde podemos nos retirar apenas por caminhos tortuosos, fazendo com que um pequeno número do inimigo seja suficiente para esmagar um grande número de nossos homens: isso é terreno terrível.

[A situação, como descrita por Ts'ao Kung, é muito parecida com a do "terreno encurralado", exceto que aqui escapar não é mais possível: "Uma montanha elevada em frente, um grande rio atrás, avanço impossível, fuga bloqueada". Ch'en Hao diz: "Estar em 'terreno terrível é como estar sentado em um barco furado ou acocorado em uma casa em chamas". Tu Mu cita de Li Ching uma descrição vívida do sofrimento de um exército encurralado: "Imagine um exército invadindo território hostil sem a ajuda de guias locais: eles caem em uma armadilha fatal e estão à mercê do inimigo. Uma ravina à esquerda, uma montanha à direita, um caminho tão perigoso que os cavalos devem ser amarrados juntos e as carruagens, suspensas e carregadas por homens, sem passagem aberta adiante, recuo bloqueado atrás, sem escolha a não ser prosseguir em fila. Então, antes que haja tempo de preparar nossos soldados para a batalha, as forças avassaladoras do inimigo aparecem repentinamente em cena. Avançando, não temos lugar de desafogo; na retirada, não temos nenhum refúgio. Buscamos uma batalha campal, mas em vão; ainda permanecendo na defensiva, nenhum de nós tem um momento de descanso. Se simplesmente mantivermos nossa posição, dias e meses inteiros se arrastarão; no momento em que fizermos um movimento, teremos que lidar com o ataque inimigo na dianteira e na retaguarda. O país é selvagem, sem água ou vegetação; o exército está necessitado de itens vitais, os cavalos estão exaustos, e os homens, desgastados, todos os recursos de força e habilidade são inúteis, a passagem é tão estreita que apenas um homem a defendendo pode defletir a investida de dez mil; todos os meios de uma ofensiva nas mãos do inimigo, todos os pontos de vantagens perdidos por nós; nesse terrível sofrimento, mesmo tendo os mais valorosos soldados e as armas mais afiadas do nosso lado, como poderiam ser empregados com o mínimo efeito?". Estudantes de história grega podem ser lembrados do horrível desfecho da expedição ateniense à Sicília, e da agonia dos atenienses nas mãos de Nícias e Demóstenes (Veja Tucídides, 7. 78 spp.).]

11. Em terreno dispersivo, portanto, não lute. Em terreno fácil, não pare. Em terreno controverso, não ataque.

[Ao contrário, deixe que toda a sua energia seja canalizada para ocupar as posições vantajosas primeiro. Assim disse Ts'ao Kung. Li Ch'uan e outros, por outro lado, supuseram que o significado era que o inimigo já havia nos previsto, então seria pura loucura atacar. No *Sun Tzu Hsu Lu*, quando o rei de Wu pergunta o que deve ser feito nesse caso, Sun Tzu responde: "A regra que está relacionada ao terreno controverso é que aquele que o possui tem vantagem sobre o adversário. Se uma posição desse tipo é assegurada pelo inimigo primeiro, cuidado ao atacá-lo. Atraia o inimigo para fora da posição fingindo fugir - mostre seus estandartes e soe seus tambores -, faça uma investida em outras posições que ele não pode se dar ao luxo de perder - trilhe pelo matagal e levante poeira -, confunda seus ouvidos e seus olhos - destaque um grupo de seus melhores homens e arme secretamente uma emboscada. Então seus inimigos se lançarão à frente para o resgate".]

12. Em terreno aberto, não tente bloquear o caminho do inimigo.

[Porque a tentativa seria fútil, e poderia expor a força incumbida do bloqueio a sérios riscos. Existem duas interpretações possíveis aqui. Sigo a de Chang Yu. A outra é indicada nas breves notas de Ts'ao Kung: "Agrupem-se" - por exemplo, veja se uma porção de seu exército não está afastada do grupo.]

No terreno de encruzilhadas, deem as mãos com seus aliados.

[Ou talvez "forme alianças com os estados vizinhos".]

13. Em terreno sério, junte a pilhagem.

[Sobre isso, Li Ch'uan tem a seguinte nota deliciosa: "Quando um exército penetra significativamente no país do inimigo, deve-se tomar cuidado para não se indispor com o povo por motivos de tratamento injusto. Siga o exemplo do imperador Han Kao Tsu, cuja marcha adentrando território Ch'in foi marcada pela não violação de mulheres ou pilhagem de valores. (Note bem: isso foi em 207 a.C., e pode nos deixar enrubescidos pelo exército cristão que entrou em Pequim em 1900 d.C.) Assim ele ganhou o coração de todos. Na presente passagem, então, acho que a verdadeira leitura não deve ser 'pilhem', mas, sim, 'não pilhem'". Infelizmente, temo que nesse caso os sentimentos nobres do comentarista tenham sobrepujado seu julgamento. Tu Mu, pelo menos, não tem tal ilusão. Ele diz: "Quando acampado em 'terreno sério', não havendo incentivo ainda para que se avance, e sem possibilidade de bater em retirada, devem-se tomar medidas para uma resistência prolongada, trazendo provisões de todas as fontes, e manter os olhos no inimigo".]

Em terreno difícil, mantenha-se constantemente em marcha.

[Ou, nas palavras do capítulo 8, parágrafo 2: "não acampe".]

14. Em terreno encurralado, faça uso de estratagemas.

[Ts'au Kung diz: "Experimente o efeito de algum artifício incomum"; e Tu Yu amplia isso dizendo: "Em tal posição, algum esquema que se adeque à situação deve ser concebido, e, se pudermos ser bem-sucedidos em enganar o inimigo, pode-se escapar da ameaça". Isso é exatamente o que aconteceu na famosa ocasião quando Aníbal foi encurralado entre as montanhas na estrada para Casilino e, pelo que parecia, aprisionado pelo ditador Fábio. O estratagema que Aníbal concebeu para confundir seus oponentes foi extraordinariamente parecido ao que T'ien Tan havia também empregado com sucesso exatos sessenta e dois anos antes. (Veja capítulo 9, parágrafo 24, nota.) Quando anoiteceu, feixes de galhos foram amarrados aos chifres de cerca de dois mil touros e incendiados; os animais, aterrorizados, foram então rapidamente guiados pela lateral da montanha em direção da passagem que estava cercada pelo inimigo. O estranho espetáculo dessas luzes se movendo rapidamente alarmou e desconcertou a tal ponto os romanos que eles retrocederam de sua posição, e o exército de Aníbal passou em segurança pelo desfiladeiro. (Veja Políbio, III, 93, 94; Lívio, XXII, 16, 17.)]

Em solo desesperado, lute.

[Porque, como Chia Lin observa: "Se você lutar com todas as suas forças, existe uma chance de vida; enquanto a morte é certa se você se encolher em seu canto".]

15. Aqueles que foram chamados de líderes habilidosos do passado sabiam como fazer um talho entre a vanguarda e a retaguarda do inimigo;

[Mais literalmente, "fazer com que a vanguarda e a retaguarda percam contato uma com a outra".]

evitar cooperação entre suas divisões grandes e pequenas; atrapalhar as boas tropas no resgate das más, impedir que os oficiais mobilizem seus homens.

16. Quando os homens do inimigo estavam unidos, eles conseguiam mantê-los em desordem.

17. Quando era para sua vantagem, eles faziam um movimento à frente; caso contrário, ficavam parados.

[Mei Yao-ch'en conecta isso com o seguinte: "Tendo sucedido em deslocar o adversário, eles fariam uma investida para assegurar qualquer vantagem que pudesse ser obtida; se não houvesse vantagem a ser obtida, eles se manteriam onde estavam".]

18. Caso perguntado como lidar com um grande grupo de inimigos em arranjo ordenado e prestes a marchar para o ataque, eu deveria dizer: "Comece tomando algo pelo que seu oponente tenha apreço; então ele será receptivo ao seu desejo".

[As opiniões diferem sobre o que Sun Tzu tinha em mente. Ts'ao Kung acha que é "alguma vantagem estratégica da qual o inimigo depende". Tu Mu diz: "As três coisas que um inimigo está ansioso para fazer, e do cumprimento dessas depende seu sucesso, são: (1) tomar nossa posição favorável; (2) devastar nossas plantações; (3) proteger suas próprias comunicações". Nosso objetivo, então, deve ser frustrar seus planos nesses três sentidos e assim deixá-lo indefeso. (Cf. capítulo 3, parágrafo 3.) Dessa forma, tomando a iniciativa de forma corajosa, você coloca o adversário na defensiva de uma vez.]

19. Rapidez é a essência da guerra:

[De acordo com Tu Mu, "esse é um resumo dos princípios essenciais da guerra". Ele adiciona: "Essas são as verdades mais profundas da ciência militar, e o negócio principal do general". As histórias a seguir, contadas por Ho Shih, mostram a importância ligada à velocidade por dois dos grandes generais da China. Em 227 d.C., Meng Ta, governador de Hsin-ch'eng sob o imperador Wei Wen Ti, cogitava a deserção para a Casa de Shu, e entrou em contato com Chu-ko Liang, o primeiro-ministro daquele estado. O general Wei Ssu-ma I era então governador militar de Wan e, tomando conhecimento da traição de Meng Ta, partiu logo com um exército para se antecipar à sua revolta, tendo antes o persuadido com uma mensagem capciosa muito amistosa. Os oficiais de Ssu-ma vieram até ele e disseram: "Se Meng Ta se mancomunou com Wu e Shu, a questão deve ser totalmente investigada antes de fazermos qualquer coisa". Ssu-ma I respondeu: "Meng Ta é um homem sem princípios, e devemos puni-lo de uma vez, enquanto ele ainda está hesitante, antes que ele tenha tirado a máscara". Então, por uma série de marchas forçadas, ele trouxe seu exército até as muralhas de Hsin-ch'eng em um período de oito dias. Agora Meng Ta havia dito previamente em uma carta para Chu-ko Liang: "Wan está a mil e duzentos *li* daqui. Quando notícias de minha revolta chegarem a Ssu-ma I, ele vai informar seu mestre imperador imediatamente, mas levará um mês inteiro até que algum passo possa ser dado, e até lá minha cidade estará bem fortificada. Além disso, com certeza Ssu-ma I não virá pessoalmente, e os generais que serão mandados contra nós não são dignos de preocupação". A próxima carta, no entanto, estava cheia de consternação: "Apesar de fazer apenas oito dias que traí minha lealdade, um exército já está nos portões da cidade. Que rapidez miraculosa é essa?". Quinze dias depois, Hsin-ch'eng tinha caído, e Meng Ta perdeu a cabeça. (Veja Chin Shu, capítulo 1, f. 3.) Em 621 d.C., Li Ching foi mandado de K'uei-chou para Ssu-ch'uan para apaziguar o bem-sucedido rebelde Hsiao Hsien, que se estabelecera como imperador na moderna Ching-chou Fu em Hupeh. Era outono, e com o Yangtsze estando então alagado, Hsiao Hsien nunca sonhou que seu adversário se aventuraria a descer através dos desfiladeiros e, consequentemente, não fez nenhum preparativo. Mas Li Ching embarcou seu exército sem perda de tempo e estava prestes a embarcar ele mesmo quando os outros generais lhe imploraram para adiar sua partida até que o rio estivesse menos perigoso para navegação. Li Ching respondeu: "Para o soldado, a velocidade avassaladora é de primordial importância, e ele não deve nunca perder oportunidades. Agora é o momento de atacar, antes que Hsiao Hsien até mesmo saiba que juntamos um exército. Se aproveitarmos o momento atual quando o rio está alagado, apareceremos em sua capital inesperadamente, como o trovão que é ouvido antes que você tenha tempo de preparar os ouvidos contra ele. (Veja capítulo 7, parágrafo 17, nota.) Esse é o grande princípio na guerra. Mesmo que ele fique sabendo de nossa aproximação, terá de impor a seus soldados tanta pressa que eles não estarão em condições de se opor a nós. Assim, todos os frutos da vitória serão nossos". Tudo aconteceu como ele previu, e Hsiao Hsien foi obrigado a se render, estipulando nobremente que seu povo deveria ser poupado e apenas ele sofrer a pena de morte.]

tire vantagem da falta de preparo do inimigo, faça seu caminho por rotas inesperadas e ataque pontos desprotegidos.

20. Os princípios a serem observados por uma força invasora são os seguintes: quanto mais você adentrar num país, maior será a solidariedade da sua tropa, e assim os defensores não prevalecerão contra você.

21. Faça incursões em terreno fértil para abastecer seu exército com comida.

[Cf. *supra*, parágrafo 13. Li Ch'uan não se arrisca em uma nota aqui.]

22. Estude cuidadosamente o bem-estar de seus homens,

[Por "bem-estar", Wang Hsi quer dizer "agrade-os, deixe-os de bom humor, dê a eles bastante comida e bebida, cuide deles em geral".]

e não os sobrecarregue. Concentre sua energia e acumule suas forças.

[Ch'en relembra a linha de ação adotada em 224 a.C. pelo famoso general Wang Chien, cujo gênio militar contribuiu amplamente para o sucesso do primeiro imperador. Ele tinha invadido o Estado de Ch'u, onde um recrutamento universal foi feito para se opor a ele. Mas, tendo dúvidas quanto ao temperamento de suas tropas, recusou todos os convites para avançar e permaneceu estritamente na defensiva. O general Ch'u tentou em vão forçar uma batalha: dia após dia, Wang Chien permaneceu dentro de suas muralhas e não saía, devotando todo o seu tempo e energia para ganhar a afeição e confiança de seus homens. Ele se certificou de que eles estavam bem alimentados, dividindo sua própria refeição com eles; forneceu estrutura para banhos; e empregou todo método sensato de indulgência para torná-los um grupo leal e homogêneo. Depois de algum tempo, disse a algumas pessoas para descobrir como os homens estavam se divertindo. A resposta foi que eles estavam competindo uns contra os outros em levantamento de peso e salto em distância. Quando Wang Chien ouviu que eles estavam empenhados nessas atividades atléticas, soube que seus espíritos haviam sido elevados até o ponto requerido e que eles estavam prontos para lutar agora. Nesse ponto, o exército Ch'u, depois de repetir seu desafio de novo e de novo, se retirou para o leste enojado. O general Ch'in imediatamente saiu de seu acampamento e os perseguiu, e, na batalha que se sucedeu, derrotou-os em um grande massacre. Pouco depois, todo o Estado de Ch'u foi conquistado por Ch'in, e o rei Fu-ch'u foi levado prisioneiro.]

Mantenha seu exército continuamente em movimento,

[Para que o inimigo nunca saiba exatamente onde você está. Ocorreu-me, de qualquer forma, que a verdadeira leitura deve ser "mantenha seu exército junto".]

e conceba planos insondáveis.

23. Atire seus soldados em posições em que não existe escapatória, e eles preferirão morrer a fugir. Se eles enfrentarão a morte, não há nada que não possam fazer.

[Chang Yu cita seu favorito, Wei Liao Tzu (capítulo 3): "Se um homem correr enlouquecido com uma espada pelo mercado e todas as outras pessoas tentarem sair da sua frente, não devo pensar que apenas esse homem é corajoso e as outras pessoas são covardes desprezíveis. A verdade é que um homem desesperado e um que dá algum valor a sua vida não são a mesma coisa".]

Tanto oficiais como soldados irão igualmente empregar toda a sua força.

[Chang Yu diz: "Se eles estiverem em uma situação complicada juntos, com certeza exercerão sua força conjunta para sair dela".]

24. Soldados quando em grandes dificuldades perdem o senso de medo. Se não há refúgio, eles ficarão firmes. Se estão em país hostil, mostrarão feições determinadas. Se não tiverem ajuda, lutarão muito.

25. Portanto, sem esperar para ser arregimentados, os soldados estarão constantemente em *qui vive*; sem precisar que peça, eles farão a sua vontade;

[Literalmente: "sem pedir, você recebe".]

sem restrições, eles serão fiéis; sem dar ordens, eles serão confiáveis.

26. Proíba a aceitação de presságios e se afaste de dúvidas supersticiosas. Então, até a morte chegar, nenhuma calamidade precisa ser temida.

[O supersticioso, "preso a dúvidas e medos", se degenera em covarde e "morre muitas vezes antes de sua morte". Tu Mu cita Huang Shih-kung: "'Feitiços e encantamentos deveriam ser estritamente proibidos, e nenhum oficial autorizado a sondar pela clarividência a sorte de um exército, por medo de que as mentes dos soldados sejam serlamente perturbadas'. O significado é que", ele continua, "se todas as dúvidas e escrúpulos forem descartados, a coragem de seus homens nunca fraquejará até que eles morram".]

27. Se nossos soldados não estão sobrecarregados com dinheiro, não é porque eles não gostam de riqueza; se suas vidas não são excessivamente longas, não é porque eles não estão inclinados à longevidade.

[Chang Yu tem a melhor nota sobre essa passagem: "Riqueza e vida longa são coisas para as quais todos os homens têm uma inclinação natural. Portanto, se eles queimam ou jogam fora coisas valiosas, e sacrificam as próprias vidas, não é por não gostarem delas, mas simplesmente porque não têm escolha". Sun Tzu está maliciosamente insinuando que, como soldados não são nada além de humanos, cabe ao general ver e evitar que as tentações de escapar das lutas e enriquecer sejam jogadas em nosso caminho.]

28. No dia em que eles forem ordenados a batalhar, seus soldados podem chorar,

[A palavra em chinês é "choramingar". Ela é usada pra indicar uma tristeza mais genuína do que as lágrimas podem indicar sozinhas.]

aqueles sentados molhando suas vestimentas, ou aqueles deitados deixando lágrimas correrem por seus rostos.

[Não porque estão com medo, mas porque, segundo Ts'ao Kung diz, "todos abraçaram firmemente a decisão de lutar até a morte". Devemos lembrar que os heróis da *Ilíada* eram igualmente infantis em se tratando de demonstrar emoções. Chang Yu alude à triste separação entre Ching K'o e seus amigos no rio I, quando o primeiro foi mandado para atentar contra a vida do rei de Ch'in (que depois veio a se tornar o primeiro imperador) em 227 a.C. As lágrimas de todos caíram como chuva assim que ele se despediu e disse as seguintes palavras: "O estampido estridente ecoou, frio é o queimar. Seu campeão voou – para não retornar".[1]]

Mas deixe que os tragam à baía, e eles mostrarão a coragem de um Chu ou um Kuei.

[Chu era o nome próprio de Chuan Chu, um nativo do Estado de Wu e contemporâneo de Sun Tzu, que foi empregado por Kung Tzu Kuang, mais conhecido como Ho Lu Wang, para assassinar seu soberano Wang Liao com uma adaga que ele escondeu na barriga de um peixe servido em um

---

1 *Giles' Biographical Dictionary*, n. 399.

banquete. Ele foi bem-sucedido em sua tentativa, mas foi imediatamente despedaçado pela guarda do rei. Isso foi em 515 a.C. O outro herói referido, Ts'ao Kuei (ou Ts'ao Mo), realizou a façanha que fez seu nome famoso 166 anos antes, em 681 a.C. Lu havia sido derrotado três vezes por Ch'i, e estava prestes a concluir um tratado entregando uma grande porção de território quando Ts'ao Kuei de repente agarrou Huan Kung, o duque de Ch'i, enquanto este estava nos degraus do altar, e segurou uma adaga contra seu peito. Nenhum dos acompanhantes do duque ousou mexer um músculo, e Ts'ao Kuei demandou restituição total, declarando que Lu estava sendo tratado injustamente porque era um estado menor e mais fraco. Huan Kung, correndo risco de morte, foi obrigado a consentir, ao que Ts'ao Kuei jogou fora sua adaga e silenciosamente retomou seu lugar entre a assembleia aterrorizada sem nem ter ficado vermelho. Como era esperado, o duque quis depois voltar atrás na barganha, mas seu velho e sábio conselheiro Kuan Chung apontou a indelicadeza de quebrar sua palavra, e o resultado foi que seu feito corajoso reconquistou para Lu a totalidade do que fora perdido em três batalhas.]

29. O estrategista habilidoso pode ser comparado a uma *shuai-jan*. A *shuai-jan* é uma cobra encontrada nas montanhas Ch'ang.

[*Shuai-jan* significa "repentinamente" ou "rapidamente", e a cobra em questão foi sem sombra de dúvidas chamada assim por causa de sua velocidade de movimentos. Por essa passagem, o termo chinês é usado agora no sentido de "manobras militares".]

Atinja sua cabeça, e será atacado por sua cauda; atinja sua cauda, e será atacado por sua cabeça; atinja sua área central, e será atacado pela cabeça e pela cauda.

30. Perguntado se é possível fazer com que um exército imite a *shuai-jan*,

[Ou seja, como Mei Yao-ch'en diz, "É possível fazer com que a vanguarda e a retaguarda de um exército respondam rapidamente a um ataque à outra, como se fossem parte de um único corpo vivo?".]

eu deveria responder: Sim. Porque os homens de Wu e os homens de Yueh são inimigos;

[Cf. capítulo 6, parágrafo 21.]

ainda assim, se eles estiverem atravessando um rio no mesmo barco e forem pegos por uma tempestade, eles irão se ajudar assim como a mão esquerda ajuda a mão direita.

[O significado é: se dois inimigos podem se ajudar um ao outro em momentos de perigo, quanto mais duas partes do mesmo exército, unidas como estão por todos os laços de interesse e camaradagem. Contudo, é notório que muitas campanhas foram arruinadas pela falta de cooperação, especialmente no caso de exércitos aliados.]

31. Portanto, não basta colocar a confiança em amarrar cavalos e enterrar as rodas das carruagens no chão.

[Esses engenhos pitorescos para prevenir a fuga de um exército relembram o herói ateniense Sófanes, que carregou a âncora com ele na batalha de Platéria, amarrando a si mesmo firmemente em um ponto. (Veja Heródoto, IX, 74.) Não é suficiente, diz Sun Tzu, tornar a fuga impossível por tais meios mecânicos. Você não sucederá a não ser que seus homens tenham tenacidade e união de propósito, e, acima de tudo, um espírito de cooperação solidária. Essa é a lição que pode ser aprendida com a *shuai-jan*.]

32. O princípio com o qual administrar um exército é estabelecer um padrão de coragem que todos devem alcançar.

[Literalmente, "nivele a coragem (de todos) como (se fosse a de) um". Se o ideal de exército é formar um único todo orgânico, então se entende que a determinação e o espírito de seus componentes devem ser da mesma qualidade, ou de nenhuma forma deve cair abaixo de certo padrão. A descrição aparentemente ingrata de Wellington sobre seu exército em Waterloo como "o pior que ele já comandou" significa apenas que eram deficientes nestas particularidades importantes - união de espírito e coragem. Se ele não tivesse previsto a deserção belga e cuidadosamente mantido essas tropas na retaguarda, muito provavelmente teria perdido o dia.]

33. Como tirar proveito de ambos, o forte e o fraco – essa é uma questão que envolve o uso adequado do terreno.

[A paráfrase de Mei Yao-ch'en é: "O caminho para eliminar a diferença entre o forte e o fraco e tornar ambos úteis é usar os acidentes naturais do terreno". Tropas menos con fiáveis, se postadas em posições fortes, resistirão tanto quanto tropas melhores em terrenos mais expostos. A vantagem da posição neutraliza a inferioridade em resistência e coragem. Coronel Henderson diz: "Com todo o respeito aos livros e ao ensinamento tático comum, estou inclinado a pensar que o estudo do terreno é com frequência negligenciado, e que nunca é dada importância suficiente à escolha das posições... e às imensas vantagens que derivarão, esteja você defendendo ou atacando, da utilização apropriada das características naturais".[2]]

34. Assim, o general habilidoso conduz seu exército como se estivesse conduzindo um único homem, queira ele ou não, pela mão.

[Tu Mu diz: "A comparação faz referência à facilidade com que ele faz isso".]

35. É o dever de um general ser calado, assim assegurando sigilo; íntegro e justo, assim mantendo a ordem.

36. Ele deve ter a capacidade de iludir seus oficiais e homens com relatórios falsos e aparências,

[Literalmente, "enganar seus olhos e ouvidos".]

e assim os manter em total ignorância.

[Ts'ao Kung nos dá o seguinte aforismo: "Não deve ser permitido às tropas compartilhar de seus planos no início; eles devem apenas se alegrar com você sobre seu feliz resultado". "Confundir, enganar, e surpreender o inimigo" é um

---

[2] *The Science of War*, p. 333.

dos primeiros princípios na guerra, como tem sido frequentemente apontado. Mas e os outros processos – a ilusão de seus próprios homens? Aqueles que venham a pensar que Sun Tzu é enfático demais nesse ponto se beneficiariam em ler as memórias do coronel Henderson na campanha de Stonewall, em Jackson Valley: "As dores infinitas", ele diz, "que Jackson buscava esconder, mesmo dos seus oficiais mais confiáveis, seus movimentos, suas intenções e seus pensamentos, um comandante menos completo seria declarado inútil" – etc. etc.[3] No ano 88 d.C., como lemos no capítulo 47 do *Hou Han Shu*, "Pan Ch'ao tomou o campo com vinte e cinco mil homens de Khotan e outros estados da Ásia Central com o objetivo de esmagar Iarcanda. O rei de Kutcha respondeu despachando seu comandante-chefe para socorrer o local com um exército retirado dos reinos de Wen-su, Ku-mo e Wei-t'ou, totalizando cinquenta mil homens. Pan Ch'ao convocou seus oficiais e também o rei de Khotan para um conselho de guerra e disse: 'Nossas forças estão agora em menor número e impossibilitadas de fazer frente ao inimigo. O melhor plano, então, é que nós nos separemos e dispersemos, cada um em uma direção diferente. O rei de Khotan marchará por uma rota ao leste, e eu irei me dirigir em direção ao oeste. Esperemos até os tambores da tarde soarem e então começaremos'. Pan Ch'ao então liberou secretamente os prisioneiros que haviam sido

3 *Stonewall Jackson*, vol. I, p. 421.

pegos com vida, e o rei de Kutcha foi então informado de seu plano. Muito exultante com as novidades, este último partiu à frente de dez mil homens a cavalo para barrar a retirada de Pan Ch'ao para o oeste, enquanto o rei de Wen-su cavalgou rumo ao leste com oito cavalos para interceptar o rei de Khotan. Assim que Pan Ch'ao soube que os dois líderes haviam partido, ele chamou suas divisões, preparou-as e, ao cantar do galo, lançou-as contra o exército de Iarcanda enquanto este estava acampado. Os bárbaros, tomados pelo pânico, fugiram confusos e foram perseguidos de perto por Pan Ch'ao. Mais de cinco mil cabeças foram trazidas de volta como troféus, além de muitos espólios na forma de cavalos, gado e itens de valor de todo tipo. Iarcanda então capitulando, Kutcha e os outros reinos recolheram suas respectivas forças. Daí por diante, o prestígio de Pan Ch'ao encantou os países do ocidente". Nesse caso, vemos que o general chinês não só manteve seus próprios oficiais ignorantes de seus planos reais, como também, na verdade, tomou a corajosa decisão de dividir seu exército para enganar o inimigo.]

37. Alterando esses arranjos e mudando seus planos,

[Wang Hsi pensa que isso significa não usar os mesmos estratagemas duas vezes.]

ele mantém o inimigo sem conhecimento definitivo.

[Chang Yu, em uma citação de outra obra, diz: "O axioma de que a guerra é baseada em ilusão não se aplica somente à ilusão do inimigo. Você deve enganar até mesmo seus próprios soldados. Faça com que eles o sigam, sem deixar que saibam o porquê".]

Mudando seu acampamento e tomando rotas indiretas, ele evita que o inimigo antecipe seu propósito.

38. No momento crítico, o líder de um exército age como alguém que escalou uma grande altura e então chutou para longe a escada. Ele carrega seus homens para dentro de território hostil antes que mostre sua jogada.

[Literalmente, "solta a mola" (veja capítulo 5, parágrafo 15), ou seja, toma um passo decisivo que torna impossível para o exército voltar – como Hsiang Yu, que afundou seu navio após atravessar o rio. Ch'en Hao, seguido por Chia Lin, tem um entendimento mais dúbio das palavras, como "usa todos os artifícios a seu dispor".]

39. Ele queima seus barcos e quebra suas panelas; como um pastor guiando um rebanho de ovelhas, leva seus homens para um lado ou para outro, e ninguém sabe para onde ele está indo.

[Tu Mu diz: "O exército só conhece as ordens de avançar e retroceder; é ignorante dos fins ulteriores de atacar e conquistar".]

40. Para reunir suas hostes e as trazer para dentro do perigo – isso deveria ser determinado como assunto do general.

[Sun Tzu quer dizer que, depois da mobilização, não deveria haver demora para efetuar um ataque ao coração do inimigo. Note como ele volta muitas vezes para esse ponto.

Entre os estados em conflito da China antiga, a deserção era, sem dúvida, um medo muito mais presente e um mal maior do que nos exércitos de hoje.]

41. As diferentes medidas adequadas às nove variedades de território;

[Chang Yu diz: "Não se deve ser literal ao interpretar as regras para as nove variedades de território".]

a conveniência de táticas agressivas ou defensivas; e as leis fundamentais da natureza humana; essas são coisas que devem, com certeza, ser estudadas.

42. Ao invadir território hostil, o princípio geral é que adentrar profundamente traz coesão; adentrar de forma superficial significa dispersão.

[Cf. *supra*, parágrafo 20.]

43. Quando você deixa seu próprio país e leva seu exército através de território vizinho, você se encontra em terreno crítico.

[Esse terreno é curiosamente mencionado no capítulo 8, parágrafo 2, mas ele não figura entre as nove situações ou as seis calamidades no capítulo 10. O primeiro impulso de alguém seria traduzi-lo como terreno distante, mas isso, se podemos confiar nos comentaristas, é precisamente o que não significa aqui. Mei Yao-ch'en diz ser uma "posição não avançada demais para ser chamada 'terreno fácil', e não perto o suficiente de casa para ser 'terreno dispersivo', mas alguma coisa entre os dois". Wang Hsi diz: "É um terreno separado de casa por um estado interjacente, cujo território temos de atravessar para alcançá-lo. Portanto, compete a nós resolvermos nossos assuntos ali rapidamente". Ele adiciona que essa posição tem ocorrência rara, motivo de não estar entre as nove situações.]

Quando existem meios de comunicação em todos os quatro lados, o terreno é de encruzilhadas.

44. Quando se adentra profundamente um país, é território sério. Quando vai pouco além das fronteiras, é território fácil.

45. Quando se tem a fortaleza do inimigo à sua retaguarda e passagens estreitas à sua frente, isso é terreno encurralado. Quando não há nenhum lugar de refúgio, isso é terreno desesperado.

46. Portanto, em terreno dispersivo, eu inspiraria meus homens com união e propósito.

[Esse final, segundo Tu Mu, é mais bem obtido mantendo-se na defensiva e evitando a batalha. Cf. *supra*, parágrafo 11.]

Em terreno fácil, eu verificaria se há uma conexão próxima entre todas as partes de meu exército.

[Como Tu Mu diz, o objetivo é se proteger contra possíveis contingências: "(1) a deserção de nossas próprias tropas; (2) um ataque repentino por parte do inimigo". Cf. capítulo 7, parágrafo 17. Mei Yao-ch'en diz: "Em marcha, os regimentos devem estar bem próximos; em um acampamento, deve haver continuidade entre as fortificações".]

47. Em terreno controverso, eu aceleraria minha retaguarda.

[Essa é a interpretação de Ts'ao Kung. Chang Yu a adota dizendo: "Devemos rapidamente adiantar nossa retaguarda, para que assim cabeça e cauda possam ambas alcançar o objetivo". Ou seja, não deve ser permitido que eles se afastem demasiadamente. Mei Yao-ch'en oferece outra igualmente plausível explicação: "Supondo que o inimigo ainda não alcançou a posição cobiçada, e estejamos atrás dele, devemos avançar em máxima velocidade para disputarmos sua posse". Ch'en Hao, por outro lado, supondo que o inimigo teve tempo de escolher seu terreno, cita o capítulo 6, parágrafo 1, em que Sun Tzu nos avisa contra chegarmos exaustos ao ataque. Sua própria ideia sobre a situação é expressada bem vagamente: "Se existe uma posição favorável em sua frente, destaque uma porção selecionada de sua tropa para ocupá-la; então, se o inimigo, fazendo uso de seu número, avançar para lutar por ela, você deve cair rapidamente em sua retaguarda com seu batalhão principal, e a vitória estará assegurada". E foi assim, ele acrescenta, que Chao She venceu o exército de Ch'in. (Veja p. 129.)]

48. Em terreno aberto, eu manteria um olhar vigilante em minhas defesas. Em terreno de encruzilhadas, consolidaria minhas alianças.

49. Em terreno sério, eu tentaria assegurar um fluxo contínuo de suprimentos.

[Os comentaristas entendem isso como recursos naturais e pilhagem, e não, como alguém pode esperar, como uma comunicação ininterrupta com uma base em casa.]

Em terreno difícil, continuaria me esforçando a seguir pela estrada.

50. Em terreno encurralado, eu bloquearia qualquer possibilidade de retirada.

[Meng Shih diz: "Para fazer parecer que eu queria defender minha posição, enquanto minha real intenção é partir de repente através das linhas inimigas". Mei Yao-ch'en diz: "Para fazer meus homens lutarem desesperados". Wang Hsi diz: "Temendo que meus homens fiquem tentados a fugir". Tu Mu aponta que esse é o diálogo do capítulo 5, parágrafo 36, em que o inimigo é que é cercado. Em 532 d.C., Kao Huan, que viria a ser imperador e canonizado como Shen-wu, foi cercado por um grande exército sob o comando de Erh-chu Chao e outros. Sua própria força era comparativamente pequena, consistindo apenas de dois mil cavalos e algo em torno de trinta mil homens a pé. As linhas de investida não foram organizadas de forma compacta, com aberturas sendo deixadas em certos pontos. Mas Kao Huan, em vez de tentar escapar, na verdade fez um movimento para bloquear ele mesmo todas as saídas restantes, conduzindo para elas uma quantidade de touros e burros amarrados uns aos outros. Assim que seus oficiais e homens entenderam que não existiam outras opções a não ser vencer ou morrer, seus ânimos se elevaram até se tornarem exultantes, e eles atacaram com uma ferocidade tão desesperada que as fileiras opositoras se romperam e esfacelaram sob sua investida.]

Em terreno desesperado, eu proclamaria a meus soldados a desesperança em salvar suas vidas.

[Tu Yu diz: "Queime sua bagagem e seus objetos mais pesados, jogue seus artigos e provisões, obstrua os poços, destrua seus fornos, e deixe claro para seus homens que eles podem não sobreviver, mas devem lutar até a morte". Mei Yao-ch'en diz: "A única chance de sobreviver reside em abrir mão de toda esperança de sair vivo". Isso conclui o que Sun Tzu tem a dizer sobre "terrenos" e as "variações" correspondentes a eles. Revisando as passagens que tratam desse importante assunto, não podemos deixar de ser atingidos pela forma incoerente e não ortodoxa com que é tratado. Sun Tzu começa abruptamente no capítulo 8, parágrafo 2, a enumerar as "variações" sem nem tocar no assunto dos "terrenos"; apenas menciona cinco, os de número sete, cinco, oito e nove da lista subsequente, e um que não está na lista. Algumas variedades de terreno são tratadas no início do capítulo 9, e então o capítulo 10 apresenta seis novos terrenos, com seis variações de planos para combinar. Nenhum desses é mencionado novamente, apesar de o primeiro não ter muita distinção em relação ao terreno de número quatro no capítulo seguinte. Enfim, no capítulo 11, chegamos aos nove terrenos por excelência, imediatamente seguidos pelas variações. Isso nos leva ao parágrafo 14. Nos parágrafos 43 e 45, novas definições são fornecidas para os números cinco, seis, dois, oito e nove (nessa ordem), como também para o décimo, notado no capítulo 8; e finalmente, as nove variações são enumeradas mais uma vez do começo ao fim, sendo todas, com exceção da cinco, seis e sete, diferentes das que foram dadas antes. Apesar de ser impossível responder pelo estado atual do texto de Sun Tzu, alguns fatos sugestivos devem ser destacados: (1) o capítulo 8, de acordo com o título, deveria tratar das nove variações, embora apenas cinco apareçam. (2) Ele é um capítulo anormalmente curto. (3) O capítulo 11 é intitulado Os Nove Terrenos. Vários deles são definidos duas vezes; além disso, existem duas listas distintas das variações correspondentes. (4) O tamanho do capítulo é desproporcional, sendo o dobro de qualquer outro, com exceção do capítulo 9. Não me proponho a tirar quaisquer inferências desses fatos, além da conclusão geral de que a obra de Sun Tzu não chegou a nós no estado em que saiu de suas mãos: o capítulo 8 está obviamente incorreto e provavelmente fora de lugar, enquanto o capítulo 11 parece conter texto que ou foi adicionado por uma mão posterior ou deveria aparecer em outro lugar.]

51. Pois é do caráter do soldado oferecer resistência obstinada quando cercado, lutar arduamente quando não puder evitar e obedecer prontamente quando estiver em perigo.

[Chang Yu alude à conduta do seguidor devotado Pan Ch'ao em 73 d.C. A história ocorre assim no *Hou Han Shu*, capítulo 47: "Quando Pan Ch'ao chegou a Shan-shan, Kuang, o rei do país, o recebeu a princípio com grande educação e respeito; mas logo depois seu comportamento sofreu uma mudança repentina, e ele se tornou omisso e negligente.

Pan Ch'ao falou sobre isso com os oficiais de sua comitiva: 'Vocês notaram', disse ele, 'que as intenções educadas de Kuang estão diminuindo? Isso deve significar que enviados vieram dos bárbaros nortistas, e que por consequência está indeciso, sem saber com qual lado se aliar. Essa é com certeza a razão. O homem sábio de verdade, assim nos dizem, pode perceber as coisas antes de elas acontecerem; ainda mais, então, aquelas que já se manifestaram!'. Imediatamente ele chamou um dos nativos que foram designados para servi-lo, e criou uma armadilha para o rei, perguntando: 'Onde estão aqueles enviados de Hsiung-no que chegaram alguns dias atrás?'. O homem ficou tão espantado que, entre a surpresa e o medo, rapidamente desembuchou toda a verdade. Pan Ch'ao, mantendo seu informante cuidadosamente sob controle, então convocou uma reunião geral de seus oficiais, trinta e seis no total, e começou a beber com eles. Quando o vinho subiu um pouco à cabeça deles, ele tentou levantar sua moral dizendo-lhes isto: 'Senhores, cá estamos no coração de uma região isolada, ansiosos por obter riquezas e honra através de um grande feito. Agora um embaixador de Hsiung-no chegou a este reino apenas alguns dias atrás, e o resultado é que a respeitosa cortesia estendida a nós por nosso anfitrião real desapareceu. Se esse enviado o influenciar a capturar nosso grupo e nos entregar para Hsiung-no, nossos ossos se tornarão comida para os lobos do deserto. O que faremos?'. De comum acordo, os oficiais responderam: 'Correndo risco de morte como estamos, seguiremos nosso comandante pela vida e pela morte'". Para a sequência dessa aventura, veja o capítulo 12, parágrafo 1, nota.]

52. Não podemos formar uma aliança com príncipes vizinhos até conhecermos seus planos. Não estaremos prontos para liderar um exército em marcha a não ser que estejamos familiarizados com a formatação do país – suas montanhas e florestas, seus desfiladeiros e precipícios, seus brejos e pântanos. Seremos incapazes de levar em conta as vantagens naturais a não ser que façamos uso de um guia local.

[Essas três sentenças são repetidas do capítulo 7, parágrafos 12 e 14 - para enfatizar sua importância, parecem pensar os comentaristas. Prefiro considerá-las interpoladas aqui para formar um antecedente para as palavras seguintes. Em se tratando de guias locais, Sun Tzu poderia ter acrescentado que sempre existe o risco de dar errado, seja pela traição deles, seja por algum mal-entendido, como nos escritos de Lívio (22, 13): "Aníbal, nos disseram, ordenou que um guia o conduzisse até a vizinhança de Cassino, onde havia uma importante passagem a ser ocupada; mas seu sotaque da Cartagena, inapropriado para a pronúncia de nomes latinos, fez com que o guia entendesse Casilino em vez de Cassino e saísse da rota apropriada; ele levou o exército naquela direção, e o erro só foi descoberto quando eles já haviam quase chegado lá".]

53. Ignorar qualquer um dos quatro ou cinco princípios a seguir não beneficia um príncipe guerreiro.

54. Quando um príncipe guerreiro ataca um estado poderoso, seu comando aparece em evitar a concentração das forças inimigas. Ele intimida seu oponente, e seus aliados são impedidos de se juntarem contra ele.

[Mei Tao-ch'en constrói uma das cadeias de raciocínio que é muito afetada pelo chinês: "Atacando um estado poderoso, se você puder dividir as forças deles, terá superioridade em força; se tiver superioridade em força, vai intimidar o inimigo; se intimidar o inimigo, os estados vizinhos ficarão assustados, e os aliados inimigos serão impedidos de se juntar a ele". A seguinte frase dá um significado mais forte: "Se o grande estado foi derrotado uma vez (antes de ele ter tempo de convocar seus aliados), então os estados menores se manterão indiferentes e se absterão de reunir suas forças". Ch'en Hao e Chang Yu entendem a sentença de outra forma. O primeiro diz: "Por mais poderoso que um príncipe seja, se ele atacar um grande estado, não poderá juntar tropas suficientes e deverá depender até certo ponto de ajuda externa; se ele dispensar isso e, com confiança arrogante em sua própria força, simplesmente tentar intimidar o inimigo, com certeza será derrotado". Chung Yu coloca seu ponto de vista assim: "Se atacarmos um grande estado de forma imprudente, nosso próprio povo ficará descontente e ficará para trás. Mas se (como então será o caso) nossa demonstração de poderio militar for metade da do inimigo, os outros líderes ficarão com medo e se recusarão a se juntar a nós".]

55. Portanto, ele não se esforça para se aliar a todos, nem estimula o poder de outros estados. Ele realiza seus próprios projetos secretos, mantendo seus inimigos espantados.

[A linha de raciocínio, como disse Li Ch'uan, parece ser esta: protegido contra uma combinação de seus inimigos, "ele pode se dar ao luxo de rejeitar alianças comprometedoras e simplesmente seguir com "seus próprios projetos secretos; seu prestígio lhe permite dispensar amizades externas".]

Assim ele pode capturar suas cidades e derrubar seus reinos.

[Esse parágrafo, apesar de ter sido escrito muitos anos antes de o Estado de Ch'in se tornar uma ameaça séria, não é um resumo ruim das políticas pelas quais os famosos Seis Chanceleres gradualmente pavimentaram o caminho para seu triunfo final sob Shih Huang Ti. Chang Yu, seguindo sua nota anterior, pensa que Sun Tzu está condenando essa atitude de egoísmo e isolamento.]

56. Conceda recompensas sem considerar a regra,

[Wu Tzu (capítulo 3) diz, de forma menos sábia: "Que o avanço seja mais ricamente recompensado, e o retrocesso, punido pesadamente".]

dê ordens

[Literalmente, "pendure ou poste".]

sem considerar arranjos prévios;

["Para evitar traição", diz Wang Hsi. O que o general quis dizer é deixado claro pela citação de Ts'ao Kung do *Ssu-ma Fa*:

"Dê instruções apenas ao avistar o inimigo; dê recompensas quando vir feitos merecedores". Ts'ao Kung parafraseia: "A última instrução que você dá a seu exército não deve corresponder com aquelas que foram informadas previamente". Chang Yu simplifica isso como "seus arranjos não devem ser divulgados com antecedência". E Chia Lin diz: "Não deve haver rigidez em suas regras e arranjos". Não apenas há perigo em deixar seus planos serem conhecidos, mas a guerra com frequência necessita de sua reversão total no último momento.]

e você será capaz de gerir com um exército inteiro como se estivesse lidando com um único homem.

[Cf. *supra*, parágrafo 34.]

57. Confronte seus soldados com a própria ação; nunca os deixe conhecer seus planos.

[Literalmente, "não diga nada a eles"; por exemplo, não dê a eles seus motivos para nenhuma das ordens. Lorde Mansfield uma vez disse a um colega que "não dava os motivos" para suas decisões, e a máxima é ainda mais aplicável a um general do que a um juiz.]

Quando o panorama for favorável, mostre-o a eles; mas não lhes conte nada quando a situação estiver sombria.

58. Coloque seu exército em perigo mortal, e ele sobreviverá; coloque-o em dificuldades desesperadoras, e eles sairão delas ilesos.

[Estas palavras de Sun Tzu foram citadas certa ocasião por Han Hsin em explicação das táticas que ele empregou em uma de suas mais brilhantes batalhas, já aludida na p. 28. Em 204 a.C., ele foi mandado para lutar contra o exército de Chao e parou a dezesseis quilômetros da entrada da passagem de Ching-hsing, onde o inimigo se reunia com força máxima. Aqui, à meia-noite, ele destacou um corpo formado por dois mil soldados da cavalaria leve, cada homem equipado com uma bandeira vermelha. Suas instruções eram para atravessar o estreito desfiladeiro e manter uma observação secreta sobre o inimigo. "Quando os homens de Chao me virem fugindo", Han Hsin disse, "eles abandonarão suas fortificações e iniciarão a perseguição. Esse deve ser o sinal para vocês entrarem com tudo, arrancar os estandartes de Chao e colocar as bandeiras vermelhas de Han em seu lugar". Virando então para seus outros oficiais, ele comentou: "Nosso adversário ocupa uma posição forte e não deve sair dela para nos atacar até que veja os estandartes e tambores do comandante-chefe, por medo de que eu possa virar e escapar pelas montanhas". Dizendo assim, ele, primeiro de tudo, mandou uma divisão consistindo de dez mil homens e ordenou que eles assumissem formação de batalha com as costas para o rio Ti. Vendo essa manobra, todo o exército de Chao começou a rir alto. A essa altura, estavam em plena luz do dia, e Han Hsin, mostrando a bandeira do generalíssimo, marchou para fora da passagem com os tambores tocando e foi imediatamente abordado pelo inimigo. Uma grande batalha se seguiu, durando algum tempo; até que Han Hsin e seu colega Chang Ni, deixando tambores e estandartes no campo, juntaram-se à divisão junto à margem do rio, onde outra batalha feroz acontecia. O inimigo se apressou a persegui-los para assegurar os troféus, assim dispersando suas muralhas humanas; mas os dois generais conseguiram se juntar ao outro exército, que lutava com grande desespero. Era chegada a hora de os dois mil homens a cavalo fazerem sua parte. Assim que eles viram os homens de Chao perseguindo sua vantagem, galoparam por trás das muralhas desertas, arrancaram as bandeiras do inimigo e as substituíram pelas de Han. Quando o exército do Chao olhou para trás, a visão dessas bandeiras vermelhas os deixou aterrorizados. Convencidos de que os soldados de Han haviam entrado e dominado seu rei, eles dispersaram-se em selvagem desordem. Todo o esforço de seus líderes para conter o pânico foi em vão. Então o exército de Han caiu sobre eles por ambos os lados e completou a derrota, matando vários e capturando o resto; entre estes estava o rei Ya em pessoa... Depois da batalha, alguns dos oficiais de Han Hsin vieram até ele e disseram: "Na *Arte da Guerra*, dizem-nos que devemos ter uma colina ou monte na retaguarda à direita e um rio ou brejo em nossa vanguarda à esquerda. (Isso parece ser uma mistura de Sun Tzu e T'ai Kung. Veja capítulo 9, parágrafo 9, e nota.) Você nos ordenou, ao contrário, a postar nossas tropas com o rio às nossas costas. Dentro dessas condições, como você conseguiu obter a vitória?". O general respondeu: "Temo que os senhores não tenham estudado a *Arte da Guerra* com cuidado suficiente. Não está escrito ali 'coloque seu exército em dificuldades desesperadoras e eles sairão delas ilesos, coloque-o em perigo mortal e ele sobreviverá'? Se eu tivesse tomado o caminho comum, nunca seria capaz de trazer meu colega. Como diz o Clássico Militar, 'Tome a situação de assalto e mande seus homens para a luta' (esta passagem não está no texto atual de Sun Tzu). Se eu não tivesse colocado minhas tropas em uma posição onde elas fossem obrigadas a lutar por suas vidas, e sim permitido que cada homem agisse como quisesse, haveria uma debandada geral e seria impossível fazer qualquer coisa com eles". Os oficiais admitiram a força de seus argumentos e disseram: "Essas são táticas mais avançadas de que somos capazes". (Veja Ch'ien Han Shu, capítulo 34, p. 4, 5.)]

59. Pois é precisamente quando uma força caiu no caminho do perigo que ela é capaz de dar um golpe pela vitória.

[O perigo tem um efeito revigorante.]

60. Sucesso na guerra é obtido por cuidadosamente nos acomodar aos propósitos do inimigo.

[Ts'ao Kung diz: "Fingir estupidez" – por uma aparência dócil e cedendo aos desejos do inimigo. A nota de Chang Yu deixa o significado claro: "Se o inimigo mostra inclinação para avançar, atraia-o para que o faça; se ele está ansioso para bater em retirada, demore de propósito para que ele possa continuar com suas intenções". O objetivo é fazer com que ele fique negligente e desdenhoso antes de atacarmos.]

61. Mantendo-nos persistentemente no flanco inimigo,

[Entendo as primeiras quatro palavras como "acompanhar o inimigo em uma direção". Ts'ao Kung diz: "Una os soldados e vá até o inimigo". Mas tal deslocamento violento de personagens é bastante indefensável.]

sucederemos em longo prazo

[Literalmente, "depois de mil *li*".]

matando o comandante-chefe.

[Sempre um ponto importante com os chineses.]

62. Isso é chamado conseguir algo por pura astúcia.

63. No dia em que você se apossar de seu comando, bloqueie as passagens fronteiriças, destrua as contagens oficiais

[Essas eram tabuletas de bambu ou madeira; metade delas era destinada a permissões ou passaportes pelo oficial a cargo do portão. Compare o "guardião da fronteira" em *Lun Yu*, III, 24, que devia ter funções similares. Quando essa metade era devolvida a ele, dentro de um período fixado, ele era autorizado a abrir o portão e deixar o viajante passar.]

e impeça a passagem de todos os emissários.

[Seja vindo ou indo para o país inimigo.]

64. Seja severo na sala do conselho

[Não demonstre fraqueza e insista para que seus planos sejam ratificados pelo soberano.]

para que você possa controlar a situação.

[Mei Yao-ch'en entende que essa sentença toda significa: tome as precauções mais estritas para assegurar o sigilo em suas deliberações.]

65. Se o inimigo deixar uma porta aberta, você deve se apressar a entrar.

66. Antecipe-se ao inimigo capturando o que ele mais gosta

[Cf. *supra*, parágrafo 18.]

e planeje sutilmente a hora de sua chegada no terreno.

[A explicação de Ch'en Hao: "Se eu conseguir obter uma posição favorável, mas o inimigo não aparecer, a vantagem obtida não pode ser convertida em nenhum uso prático. Aquele que pretende, portanto, ocupar uma posição importante para o inimigo deve começar fazendo um encontro ardiloso com seu antagonista e persuadi-lo para ir lá também". Mei Yao-ch'en explica que esse "encontro ardiloso" deve ser feito por meio dos próprios espiões do inimigo, que levarão de volta apenas quantas informações escolhermos dar a eles. Então, tendo astutamente mostrado nossas intenções, "devemos conseguir, embora começando depois do inimigo, chegar antes dele (capítulo 7, parágrafo 4). Devemos partir depois dele para assegurar sua marcha para lá; devemos chegar antes dele para capturar o local sem problemas. Dessa forma, a presente passagem empresta algum apoio às interpretações de Mei Yao-ch'en do parágrafo 47.]

67. Ande pelo caminho definido pela regra

[Chia Lin diz: "A vitória é a única coisa que importa, e isso não pode ser obtido aderindo aos cânones convencionais". É uma pena que essa variante se apoie em pouca autoridade, pois o sentido que carrega é certamente muito mais satisfatório. Napoleão, como sabemos, de acordo com os veteranos da velha escola que ele derrotou, ganhou suas batalhas violando todos os cânones aceitos em batalha.]

e se acomode ao inimigo até que você possa lutar uma batalha decisiva.

[Tu Mu diz: "Adapte-se às táticas do inimigo até que uma oportunidade favorável se ofereça; então, adiante-se e se envolva em uma batalha que deve se provar decisiva".]

68. A princípio, então, exiba a timidez de uma dama, até que o inimigo lhe dê uma abertura; depois disso, emule a velocidade da corrida de uma lebre e será tarde demais para o inimigo se opor a você.

[Como a lebre é conhecida por sua extrema timidez, a comparação não parece muito feliz. Mas claro que Sun Tzu estava pensando somente em sua velocidade. As palavras parecem significar: você deve fugir do inimigo tão rápido como uma lebre em fuga; mas isso é altamente rejeitado por Tu Mu.]

CAPÍTULO 12

O ATAQUE POR FOGO

[Mais da metade do capítulo (parágrafos 1 até 13) é devotada ao fogo, que depois o autor ramifica em outros assuntos.]

1. Sun Tzu disse: Existem cinco maneiras de atacar com fogo. A primeira é queimar soldados em seu acampamento;

[Assim como Tu Mu. Li Ch'uan diz: "Incendeie o acampamento e mate os soldados" (quando eles tentarem escapar das chamas). Pan Ch'ao, enviado em missão diplomática ao rei de Shan-shan (ver capítulo 11, parágrafo 51, nota), viu-se em perigo extremo pela chegada inesperada de um enviado de Hsiung-nu (inimigos mortais dos chineses). Em consulta com seus oficiais, ele exclamou: "Quem nunca se arrisca nunca vence![1] O único caminho aberto agora para nós é, cobertos pela noite, fazer um ataque por fogo nos bárbaros,

---

[1] "A não ser que você entre no covil do tigre, não terá como pegar os filhotes dele."

quando eles não poderão discernir nossos números. Lucrando com seu pânico, devemos exterminá-los completamente; isso arrefecerá a coragem do rei e irá nos cobrir de glória, além de assegurar o sucesso de nossa missão". Todos os oficiais responderam que seria necessário discutir o assunto com o intendente primeiro. Pan Ch'ao então se exaltou: "É hoje", ele gritou, "que nossa sorte será decidida! O intendente é apenas um civil enfadonho que, ao ouvir nossos planos, ficará assustado e irá revelá-los. Uma morte inglória não é um destino digno de guerreiros valorosos". Todos concordaram então em fazer como ele queria. De acordo com o plano, assim que a noite caiu, ele e seu pequeno bando rapidamente se dirigiram ao acampamento dos bárbaros. Um forte vendaval soprava naquela hora. Pan Ch'ao ordenou que dez soldados da comitiva pegassem tambores e se escondessem atrás das barracas inimigas; assim dispostos, quando vissem chamas, eles deveriam começar a tocar os tambores e gritar com toda a força. O resto de seus homens, armados com arcos e bestas, ele postou em uma emboscada na saída do acampamento. Então colocou fogo no lugar começando a barlavento, ao que um ensurdecedor som de tambores e gritos à frente e atrás de Hsiung-nu, que saiu desordenadamente. Pan Ch'ao matou três deles com as próprias mãos, enquanto seus companheiros cortavam a cabeça do enviado e de trinta integrantes de sua escolta. O restante, mais de uma centena no total, pereceu nas chamas. No dia seguinte, Pan Ch'ao, adivinhando seus pensamentos, disse com as mãos levantadas: "Apesar de você não ter ido conosco na última noite, eu não deveria pensar, Senhor, em pegar todos os créditos pelo nosso feito". Isso satisfez Kuo Hsun, e Pan Ch'ao, tendo ido até Kuang, rei de Shan-shan, mostrou a ele a cabeça do enviado bárbaro. O reino inteiro foi tomado pelo medo, o qual Pan Ch'ao atenuou emitindo um pronunciamento público. Então, pegando os filhos do rei como reféns, ele retornou para fazer seu relatório para Tou Ku. (*Hou Han Shu*, capítulo 47, ff. 1, 2.)]

a segunda é queimando armazéns;

[Tu Mu diz: "Provisões, combustível e alimentação". Para subjugar a população rebelde de Kiangnan, Kao Keng recomendou a Wen Ti, da dinastia Sui, que fizesse invasões periódicas e queimasse seus armazéns de grãos, uma política que no longo prazo se provou bem-sucedida.]

a terceira é queimar trens de carga;

[Um exemplo dado é a destruição dos vagões e grandes volumes de Yuan Shao por Ts'ao Ts'ao em 200 d.C.]

a quarta é queimar arsenais e armazéns;

[Tu Mu diz que as coisas contidas em um "arsenal" e "armazém" são as mesmas. Ele especifica armas e outros implementos, lingotes e roupas. Cf. capítulo 7, parágrafo 11.]

a quinta é lançar fogo entre os inimigos.

[Tu Yu diz no *T'ung T'ien*: "Atirar fogo no acampamento inimigo. O método pelo qual isso pode ser feito é incendiando a ponta das flechas, colocando-as no braseiro, e então as atirando de balestras poderosas em direção às linhas inimigas.]

2. Para que possamos iniciar um ataque, devemos ter recursos disponíveis.

[Ts'ao Kung pensa que se refere a "traidores no campo inimigo". Mas Ch'en Hao é mais capaz de estar certo ao dizer: "Devemos ter circunstâncias favoráveis no geral, não meramente traidores para nos ajudar". Chia Lin diz: "Devemos aproveitar o vento e o tempo seco".]

O material para fazer fogo deve estar sempre pronto.

[Tu Mu sugere como material para fazer fogo: "material vegetal seco, junco, mato, palha, graxa, óleo etc.". Aqui temos a causa material. Chang Yu diz: "Utensílios para guardar fogo, material para acender fogueiras".]

3. Há uma estação apropriada para se fazer ataques com fogo e dias especiais para se começar um incêndio.

4. A estação apropriada é quando o tempo está bastante seco; os dias especiais são aqueles em que a lua está na constelação de Peneira, Muralha, Asa ou Barra;

[Essas são, respectivamente, a sétima, a décima quarta, a vigésima sétima e a vigésima oitava das vinte e oito Casas Estelares, correspondendo, grosso modo, a Sagitário, Pégaso, Taça e Corvo.]

porque essas quatro trazem dias de vento crescente.

5. Ao atacar com fogo, deve-se estar preparado para encontrar cinco evoluções possíveis:

6. (1) Quando o fogo irrompe do lado de fora do acampamento, responda com um ataque vindo de fora.

7. (2) Se houver um foco de incêndio, mas os soldados inimigos permanecerem em silêncio, espere sua vez e não ataque.

[O principal objetivo de se atacar com fogo é lançar o inimigo em um estado de confusão. Se esse efeito não é produzido, significa que o inimigo está preparado para nos receber. Por isso a necessidade de cautela.]

8. (3) Quando a força das chamas atingiu seu pico, siga com um ataque, se isso for praticável; se não, fique onde está.

[Ts'ao Kung diz: "Se você enxergar um caminho possível, avance; mas, se julgar a dificuldade grande demais, retire-se".]

9. (4) Se for possível fazer um ataque com fogo do lado de fora, não espere que ele irrompa do lado interior, mas inicie seu ataque em um momento favorável.

[Tu Mu diz que o parágrafo anterior faz referência ao começo de um incêndio (seja acidental, podemos supor, seja pela ação de um incendiário) dentro do acampamento inimigo. "Mas", ele continua, "se o inimigo está instalado em um terreno baldio cheio de grama, ou se ele montou acampamento em uma posição em que pode ser queimado, devemos levar nosso fogo na primeira oportunidade, não aguardar na esperança de que um tumulto ocorra lá dentro, pois devemos temer que nossos oponentes possam eles mesmos queimar a vegetação ao redor, assim tornando nossas tentativas infrutíferas." O famoso Li Ling confundiu certa vez o líder do Hsiung-nu dessa forma. O último, tirando vantagem de um vento favorável, tentou atear fogo ao acampamento do general chinês, mas descobriu que cada pedacinho de vegetação inflamável na vizinhança já havia sido queimado. Por outro lado, Po-ts'ai, um general dos rebeldes de Turbantes Amarelos, foi seriamente derrotado em 184 d.C. por sua negligência acerca dessa simples precaução. "No comando de um grande exército, ele fazia um cerco a Ch'ang-she, que tinha sido ordenado por Huang-fu Sung. A guarnição era bem pequena, e um sentimento generalizado de nervosismo tomou conta das fileiras; então Huang-fu Sung reuniu seus oficiais e disse: "Na guerra, existem vários métodos indiretos de ataque, e o tamanho do exército não é tudo. (O comentarista aqui cita Sun Tzu, capítulo 5, parágrafos 5, 6 e 10.) Agora os rebeldes montaram seu acampamento em meio à grama densa, que queimará facilmente quando o vento soprar. Se incendiarmos durante a noite, eles serão jogados em um estado de pânico, e poderemos fazer uma incursão e atacá-los por todos os lados ao mesmo tempo, assim emulando a conquista de T'ien Tan". (Veja p. 162.) Naquela mesma tarde, uma forte brisa soprou; então Huang-fu Sung instruiu seus soldados a amarrarem juncos para formar tochas e montarem guarda nas muralhas da cidade; em seguida, mandou um grupo de homens valentes, que sorrateiramente se infiltraram entre as linhas e começaram um incêndio com muitos berros e gritos. Simultaneamente, um clarão de luz foi disparado das muralhas da cidade, e Huang-fu Sung, tocando seus tambores, comandou um ataque rápido, que atirou os rebeldes em confusão e os colocou em uma fuga desenfreada". (*Hou Han Shu*, capítulo 71.)]

10. (5) Quando você começar um incêndio, que seja a barlavento. Não ataque a sotavento.

[Chang Yu, seguindo Tu Yu, diz: "Quando você começa um incêndio, o inimigo se afasta; se você se opõe à retirada e o ataca, ele lutará de forma desesperada, o que não levará você ao sucesso". Uma explicação ainda mais óbvia é dada por Tu Mu: "Se o vento está no leste, comece queimando a leste do inimigo, e siga com o ataque você mesmo por aquele lado. Se você começar o incêndio pelo lado leste e então atacar pelo oeste, sofrerá da mesma forma que o inimigo".]

11. Um vento que começa durante o dia dura mais, mas uma brisa noturna logo cessa.

[Compare com o dito de Lao Tzu: "O vento violento não dura uma manhã" (*Tao Te Ching*, capítulo 23). Mei Yao-ch'en e Wang Hsi dizem: "Uma brisa diurna morre ao anoitecer, e uma brisa noturna, ao nascer do dia. Isso é o que acontece via de regra". O fenômeno observado pode estar correto o suficiente, mas como esse sentido será obtido não está aparente.]

12. Em todo exército, os cinco desenvolvimentos conectados com o fogo devem ser conhecidos, os movimentos das estrelas, calculados, e atenção deve ser dada para os dias apropriados.

[Tu Mu diz: "Devemos fazer cálculos quanto ao caminho das estrelas e prestar atenção em dias nos quais o vento aumentará, antes de fazer nosso ataque com fogo". Chang Yu parece interpretar o texto de outra forma: "Devemos não apenas saber como atacar nossos oponentes com fogo, mas também estar a postos contra ataques similares vindos deles".]

13. Enquanto aqueles que usam fogo como um auxílio ao ataque mostram inteligência, aqueles que usam água como auxílio ao ataque ganham um acréscimo em força.

14. Por meio da água, um inimigo pode ser interceptado, mas não roubado de todos os seus pertences.

[A nota de Ts'ao Kung é: "Podemos meramente obstruir a estrada do inimigo ou dividir seu exército, mas não varrer todas as suas provisões". A água pode prestar um serviço útil, mas lhe falta o poder destrutivo do fogo. Essa é a razão, Chang Yu conclui, por que à primeira é dispensado apenas um par de sentenças, enquanto o ataque por fogo é discutido em detalhes. Wu Tzu (capítulo 4) fala assim dos dois elementos: "Se um exército está acampado em um terreno baixo e pantanoso, por onde a água não pode correr, e onde a chuva é pesada, poderá ser submerso por um alagamento. Se um exército está acampado em terras pantanosas com muito mato e arbustos, e frequentemente visitado por ventanias, ele pode ser exterminado por fogo".]

15. Infeliz é o destino daquele que tenta ganhar suas batalhas e ser bem-sucedido em seus ataques sem cultivar

o espírito da iniciativa; porque o resultado é perda de tempo e estagnação geral.

[Esta é uma das passagens mais desconcertantes de Sun Tzu. Ts'ao Kung diz: "Recompensas por bons serviços não devem ser adiadas nem um dia sequer". E Tu Mu: "Se você não aproveitar a oportunidade de avançar e recompensar quem merece, seus subordinados não obedecerão a seus comandos, e o desastre acontecerá". Por diversas razões, de qualquer forma, e apesar da formidável gama de estudiosos do outro lado, prefiro a interpretação sugerida por Mei Yao-ch'en, cujas palavras citarei: "Aqueles que querem ter certeza de ser bem-sucedidos em suas batalhas e ataques devem aproveitar os momentos favoráveis quando eles surgirem e não se encolher em ocasiões que pedem medidas heroicas: quero dizer, eles devem recorrer a medidas como ataques por fogo, água e coisas do tipo. O que não devem fazer, e o que se provará fatal, é ficar sentado e simplesmente se agarrar à vantagem obtida".]

16. Por isso o ditado: o soberano iluminado dispõe seus planos com antecedência; o bom general cultiva seus recursos.

[Tu Mu cita o seguinte do *San Lueh*, capítulo 2: "O príncipe guerreiro controla seus soldados pela sua autoridade, os agrupa por boa-fé, e por recompensas os torna utilizáveis. Se a fé decai, haverá perturbação; se as recompensas são deficientes, o comando não será respeitado".]

17. Não se movimente a não ser que veja uma vantagem; não use suas tropas a não ser que exista algo a ser obtido; não lute a não ser que a posição seja crítica.

[Sun Tzu pode parecer às vezes cauteloso demais, mas ele não chega nem perto da memorável passagem do *Tao Te Ching*, capítulo 69: "Não devo tomar iniciativa, não devo avançar nem um centímetro, mas sim retroceder um metro".]

18. Nenhum soberano deveria colocar suas tropas em campo apenas para aplacar seu tédio; nenhum general deveria travar uma batalha simplesmente por ressentimento.

19. Se for para sua vantagem, faça um movimento ofensivo; se não, fique onde está.

[Isso é uma recorrência do capítulo 11, parágrafo 17. Aqui, sinto-me convencido de que é uma interpolação, porque fica evidente que o parágrafo 20 deveria vir imediatamente após o 18.]

20. Raiva pode se transformar em alegria com o tempo; aflição pode ser sucedida por satisfação.

21. Mas um reino que já foi uma vez destruído nunca poderá existir novamente,

[O Estado de Wu estava destinado a ser um melancólico exemplo desse dito.]

nem podem os mortos serem trazidos de volta à vida.

22. Portanto, o soberano iluminado é atento, e o bom general, cheio de cautela. Essa é a forma de manter um país em paz e um exército intacto.

CAPÍTULO 13

O USO DE ESPIÕES

1. Sun Tzu disse: Mobilizar uma hoste de centenas de milhares de homens e fazê-los marchar por grandes distâncias envolve grandes perdas para o povo e escoamento dos recursos do Estado. O gasto diário somará dezenas de quilos de prata.

[Compare com o capítulo 2, parágrafos 1, 13 e 14.]

Haverá comoção em casa e no exterior, e homens cairão exaustos nas estradas.

[Compare ao *Tao Te Ching*, capítulo 30: "Onde tropas tiverem sido esquartejadas, sarça e espinhos brotarão". Chang Yu diz: "Devemos nos lembrar do dito: 'Em terreno sério, junte a pilhagem'. Por que transporte e deslocamento deveriam causar exaustão nas estradas? A resposta é que não só alimentos, mas também todo tipo de munição de guerra deve ser transportado para o exército. Além disso, a ordem para 'pilhar o inimigo' apenas significa que, quando um exército está investido profundamente em território hostil, deve-se atentar para que não haja escassez de comida. Portanto, sem ser dependente tão somente do inimigo para milho, devemos pilhar para que haja um fluxo constante de suprimentos. Por outro lado, existem lugares como desertos de sal, nos quais provisões não podem ser obtidas, e suprimentos vindos de casa não podem ser dispensados".]

Muitas famílias, chegando a centenas de milhares, serão impedidas de trabalhar.

[Mei Yao-ch'en diz: "Faltaram homens atrás do arado". A alusão é ao sistema de dividir a terra em nove partes, cada uma consistindo em aproximadamente quinze acres, o lote no centro sendo cultivado em nome do estado pelos inquilinos dos outros oito. Era aqui também, assim Tu Mu nos diz, que suas cabanas eram construídas e um poço cavado, para ser usado por todo o povo. (Veja capítulo 2, parágrafo 12, nota.) Em tempos de guerra, uma das famílias tinha de servir no exército, enquanto as outras sete contribuíam para seu sustento. Assim, por uma taxação de cem mil homens (calculado um soldado fisicamente capaz por família), a agricultura de setecentas mil famílias seria afetada.]

2. Exércitos hostis podem enfrentar uns aos outros por anos, aspirando à vitória, que é decidida em um único dia. Esse sendo o caso, permanecer na ignorância da condição do inimigo porque alguém se ressente da despesa de três quilos de prata em honorários e remunerações

[“Para espiões” é o que ele quer dizer, claro, embora isso fosse estragar o efeito dessa curiosamente elaborada apresentação se espiões fossem de fato mencionados neste ponto.]

é o cúmulo da desumanidade.

[O entendimento de Sun Tzu é certamente ingênuo. Ele começa advertindo sobre a assustadora miséria e o vasto gasto em sangue e tesouro que a guerra sempre traz consigo. Agora, a não ser que você se mantenha informado das condições do inimigo, e esteja pronto para atacar no momento certo, uma guerra pode se arrastar por anos. A única forma de se obter essas informações é pelo uso de espiões, e é impossível conseguir espiões confiáveis a não ser que eles sejam recompensados apropriadamente pelos seus serviços. Mas é com certeza uma falsa economia se ressentir de uma quantia comparativamente ínfima para esse propósito, quando cada dia que a guerra dura consome uma quantia incalculavelmente maior. Esse pesaroso fardo recai nos ombros dos pobres, e assim Sun Tzu conclui que negligenciar o uso de espiões não é nada menos que um crime contra a humanidade.]

3. Aquele que age assim não é um líder de homens, não é de nenhuma ajuda para seu soberano, não é um mestre da vitória.

[Essa ideia de que o verdadeiro objetivo da guerra é a paz tem raízes no temperamento nacional dos chineses. Mesmo no longínquo 597 a.C., essas palavras memoráveis foram ditas pelo príncipe Chuang, do estado de Ch'u: "A palavra (chinesa) 'destreza' é feita (da grafia) de 'ficar' e 'levantar lanças' (interrupção das hostilidades). A destreza militar é vista na repressão da crueldade, no chamado das armas, na preservação das nomeações celestiais, no firme estabelecimento de mérito, na concessão de felicidade às pessoas, na harmonia entre os príncipes, na difusão da riqueza".]

4. Assim, o que possibilita ao soberano sábio e ao bom general atacar e conquistar, e obter coisas além do alcance dos homens ordinários, é o *conhecimento prévio.*

   [Ou seja, conhecimento das disposições do inimigo e do que ele pretende fazer.]

5. Agora esse conhecimento prévio não pode ser tirado do nada, não pode ser obtido indutivamente com base na experiência,

   [A nota de Tu Mu é: "(conhecimento sobre o inimigo) não pode ser obtido estudando casos análogos".]

   nem por cálculo dedutivo.

   [Li Ch'uan diz: "Grandezas como distância, largura, distância e magnitude estão sujeitas à matemática exata; atos humanos não podem ser calculados".]

6. O conhecimento das disposições do inimigo só pode ser obtido por meio de outros homens.

   [Mei Yao-Ch'en tem uma nota bem interessante: "Conhecimento do mundo espiritual deve ser obtido por meios esotéricos; informação em ciência natural deve ser procurada via raciocínio indutivo; as leis do universo podem ser verificadas por cálculos matemáticos: mas as disposições de um inimigo são determináveis por meio de espiões e espiões apenas".]

7. Por isso o uso de espiões, dos quais existem cinco classes: (1) espiões locais; (2) espiões internos; (3) espiões convertidos; (4) espiões condenados; (5) espiões sobreviventes.

8. Quando esses cinco tipos de espiões estão todos trabalhando, ninguém pode descobrir o sistema secreto. Isso é chamado de "manipulação divina dos fios". Essa é a capacidade mais preciosa do soberano.

   [Cromwell, um dos maiores e mais práticos líderes de cavalaria, tinha oficiais denominados "mestres batedores", cuja função era coletar toda informação possível sobre o inimigo via batedores, espiões etc., e muito do seu sucesso na guerra se deveu ao conhecimento prévio dos movimentos do inimigo assim obtido.[1]]

9. Ter *espiões locais* significa empregar os serviços de habitantes do distrito.

   [Tu Mu diz: "No país do inimigo, conquiste as pessoas com um tratamento gentil e as use como espiãs".]

10. Há os *espiões internos*, fazendo uso de oficiais do inimigo.

    [Tu Mu enumera as seguintes classes como capazes de fazer um bom serviço a esse respeito: "Homens valorosos que tenham sido rebaixados de postos oficiais, criminosos que

---

[1] *Aids to Scouting*, p. 2.

passaram por punição; também concubinas favoritas que são cobiçosas por ouro, homens ressentidos por estar em posições subordinadas, ou que tenham sido deixados para trás na distribuição de postos, outros que estejam ansiosos para que seu lado seja derrotado para terem uma chance de demonstrar suas habilidades e talentos, vira-casacas que sempre querem ter um pé em cada barco. Oficiais desses vários tipos", ele continua, "devem ser secretamente abordados e ligados ao seu interesse via promessa de riquezas. Dessa forma, você será capaz de saber o estado dos assuntos no país do inimigo, inteirar-se dos planos que estão sendo feitos contra você e, acima de tudo, perturbar a harmonia e criar uma brecha entre o soberano e seus ministros". A necessidade para extrema cautela, no entanto, ao lidar com "espiões internos", aparece de um incidente histórico relatado por Ho Shih: "Lo Shang, governador de I-Chou, mandou seu general Wei Po atacar o rebelde Li Hsiung, de Shu, em sua fortaleza em P'i. Após cada lado ter experimentado um número de vitórias e derrotas, Li Hsiung recorreu aos serviços de um certo P'o-t'ai, um nativo de Wu-tu. Ele começou mandando chicoteá-lo até sangrar, e então o mandou para Lo Shang, a quem ele deveria iludir oferecendo cooperar com ele de dentro da cidade, e dar um sinal com fogo no momento certo de fazer um ataque geral. Lo Shang, confiando nessas promessas, marchou com todas as suas tropas, e colocou Wei Po e outros em sua liderança, com ordens de atacar ao comando de P'o-t'ai. Enquanto isso, o general de Li Hsiung, Li Hsiang, preparou uma emboscada no caminho de sua marcha; e P'o-t'ai, tendo instalado longas escadas contra as muralhas da cidade, agora acendeu o sinal de fogo. Os homens de Wei Po correram ao ver o sinal e começaram a escalar as escadas o mais rápido que podiam, enquanto outros eram puxados para cima por cordas lançadas do topo. Mais de uma centena dos soldados de Lo Shang entraram na cidade dessa forma; cada um deles foi imediatamente decapitado. Li Hsiung então se lançou com todas as suas forças, tanto dentro quanto fora da cidade, e derrotou o inimigo completamente" (isso aconteceu em 303 d.C. Não sei de onde Ho Shih tirou a história. Ela não é contada na biografia de Li Hsiung ou na de seu pai, Li T'e, *Chin Shu*, capítulos 120, 121).]

11. Há os *espiões convertidos*, capturando espiões inimigos e usando-os para nossos próprios propósitos.

[Por meio de subornos pesados e promessas liberais separando-os do serviço ao inimigo, e induzindo-os a levar de volta informações falsas e também a espionar seus próprios conterrâneos. Por outro lado, Hsiao Shih-hsien diz que fingimos não os detectar, mas tramar para que levem uma falsa impressão do que está acontecendo. Vários dos comentaristas aceitam essa como uma definição alternativa; mas não é o que Sun Tzu quis dizer, e isso é conclusivamente provado por suas observações subsequentes sobre tratar o espião convertido generosamente (parágrafo 21, a seguir). Ho Shih nota três ocasiões nas quais espiões convertidos foram usados com notável sucesso: (1) por T'ien Tan em sua defesa do Chi-mo (veja *supra*, p. 162); (2) por Chao She em sua marcha para O-yu (ver p. 129); (3) e pelo astuto Fan Chu em 260 a.C., quando Lien P'o conduzia uma campanha defensiva contra Ch'in. O rei de Chao reprovava fervorosamente os métodos cautelosos e dilatórios de Lien P'o, que não vinha conseguindo evitar uma série de pequenos desastres, portanto emprestou um ouvido atento aos relatórios dos espiões, que secretamente foram para o lado do inimigo e já estavam na folha de pagamento de Fan Chu. Eles disseram: "A única coisa que causa ansiedade em Ch'in é que Chao Kua não se torne general. Lien P'o, eles consideravam um oponente fácil, que seria vencido com certeza em longo prazo". Esse Chao Kua era um filho do famoso Chao She. Desde a infância, estava totalmente concentrado no estudo da guerra e de assuntos militares, até ficar convencido de que não havia comandante em todo o império que poderia enfrentá-lo. Seu pai estava muito inquieto com sua arrogância e a leviandade com que ele falava sobre assuntos tão sérios como a guerra, e solenemente declarou que, se algum dia Kua fosse nomeado general, ele traria ruína para o exército de Chao. Esse era o homem que, apesar dos protestos sinceros de sua própria mãe e do veterano estadista Lin Hsiang-ju, foi então mandado para suceder Lien P'o. Não é preciso dizer que ele não se provou à altura do formidável Po Ch'i e do grande poder militar de Ch'in. Ele caiu em uma armadilha pela qual seu exército foi dividido em dois e suas comunicações foram cortadas; depois de uma resistência desesperada que durou quarenta e seis dias, durante a qual os soldados famintos devoraram uns aos outros, ele foi morto por uma flecha, e toda a sua força, que chegava ao montante, é o que dizem, de quatrocentos mil homens, foi implacavelmente abatida pela espada.]

12. Há os *espiões condenados*, fazendo certas coisas abertamente tendo a ilusão como propósito, e deixando que nossos espiões saibam delas e as reportem ao inimigo.

[Tu Yu dá a melhor explicação sobre o significado: "Ostensivamente fazemos coisas calculadas para enganar nossos próprios espiões, que devem ser levados a acreditar que foram involuntariamente descobertos. Então, quando esses espiões são capturados nas linhas inimigas, eles farão um relatório inteiramente falso, e o inimigo tomará medidas de acordo com isso para, no final, descobrir que fizemos algo completamente diferente. Os espiões serão então mortos". Como exemplo de espiões condenados, Ho Shih menciona os prisioneiros liberados por Pan Ch'ao em sua campanha contra Iarcanda (veja p. 205). Ele também se refere a T'ang Chien, que, em 630 d.C., foi mandado por T'ai Tsung para acalmar o kahn turco Chieh-li em falsa segurança, até que Li Ching fosse capaz de dar um golpe esmagador nele. Chang Yu diz que os turcos se vingaram matando T'ang Chien, mas é um engano, pois lemos, tanto nas antigas como na nova História T'ang (capítulo 58, f. 2, e capítulo 89, f. 8, respectivamente), que ele escapou e viveu até 656 d.C. Li I-chi teve um papel similar em 203 a.C., quando mandado pelo rei de Han para abrir negociações pacíficas com Ch'i. Ele tem certamente mais direito de ser descrito como um "espião condenado", porque o rei de Ch'i, sendo na sequência atacado por Han Hsin sem aviso, e furioso pelo que considerou traição de Li I-chi, ordenou que o infeliz enviado fosse fervido vivo.]

13. *Espiões sobreviventes*, finalmente, são aqueles que trazem de volta notícias do acampamento inimigo.

[Esta é a classe comum de espiões, adequadamente chamada assim, sendo uma parte constante do exército. Tu Mu diz: "Seu espião sobrevivente deve ser um homem de intelecto aguçado, apesar da aparência externa de tolo; de exterior frágil, mas com uma vontade de aço. Ele deve ser ativo, robusto, dotado de força física e coragem; acostumado a todo tipo de trabalho sujo, capaz de suportar fome e frio, e tolerar vergonha e difamação". Ho Shih conta a seguinte história sobre Ta'hsi Wu, da dinastia Sui: "Quando ele era governador do Ch'in Oriental, Shen-wu, do Ch'i, fez um movimento hostil contra Sha-yuan. O imperador T'ai Tsu [Kao Tsu] mandou Ta-hsi Wu para espionar o inimigo. Ele estava acompanhado por dois outros homens. Os três estavam a cavalo e vestiam o uniforme do inimigo. Quando estava escuro, eles apearam a algumas dezenas de metros de distância do acampamento inimigo e se esgueiraram sorrateiramente para ouvir, até conseguirem interceptar a senha usada no exército. Então subiram em seus cavalos outra vez e corajosamente atravessaram o acampamento sob o disfarce de vigias noturnos; e mais de uma vez, encontrando por coincidência com um soldado que estava comentando algum ato de indisciplina, eles realmente paravam para dar no culpado uma bordoada! Assim eles conseguiram retornar com o máximo de informação possível sobre as disposições do inimigo e receberam elogios calorosos do imperador, que, por consequência de seus relatórios, foi capaz de infligir uma dura derrota a seu adversário".]

14. Portanto, ninguém tem mais relações a serem mantidas no exército do que os espiões.

[Tu Mu e Mei Yao-ch'en apontam que o espião tem o privilégio de entrar até mesmo na tenda privada de dormir do general.]

Ninguém deveria ser mais generosamente recompensado. Em nenhum outro ramo de trabalho, a confidencialidade deve ser tão preservada.

[Tu Mu dá um toque gráfico: toda comunicação com espiões deve ser feita "boca-ao-ouvido". Os comentários seguintes sobre espiões podem ter sido citados de Turenne, que fez provavelmente mais uso deles do que qualquer comandante anterior: "Espiões são ligados àqueles que lhes dão mais; aqueles que lhes pagam pouco nunca têm seus serviços. Ninguém nunca deve conhecê-los; nem eles devem se conhecer. Quando eles propõem qualquer coisa muito material, proteja suas pessoas ou tenha em sua posse as esposas e os filhos deles como reféns por sua fidelidade. Nunca comunique a eles nada além do absolutamente necessário que eles devam saber.[2]]

15. Espiões não podem ser empregados de forma útil sem certa sagacidade intuitiva.

[Mei Yao-ch'en diz: "Para usá-los, você deve saber separar fato de falsidade e ser capaz de distinguir honestidade de jogo duplo". Wang Hsi, em uma interpretação diferente, pensa mais nas linhas de "percepção intuitiva" e "inteligência prática". Tu Mu estranhamente se refere a esses atributos como sendo dos próprios espiões: "Antes de usar espiões, temos de nos assegurar de sua integridade de caráter e da extensão de sua experiência e habilidades". Mas ele continua: "Cara de pau e uma disposição astuta são mais perigosas do que montanhas e rios; é necessário um homem de extrema capacidade para penetrar tais coisas". Assim, somos deixados com algumas dúvidas sobre sua real opinião a respeito da passagem.]

16. Eles não podem ser apropriadamente geridos sem benevolência e sinceridade.

[Chang Yu diz: "Quando você os atraiu por ofertas substanciais, deve tratá-los com absoluta sinceridade; então, eles lutarão por você com toda a vontade".]

17. Sem uma sutil engenhosidade mental, não se pode ter certeza da veracidade de seus relatórios.

---

[2] *Marshal Turenne*, p. 311.

[Mei Yao-ch'en diz: "Esteja preparado para a possibilidade de espiões irem servir o inimigo".]

18. Seja sutil! Seja sutil! E use seus espiões para todo tipo de trabalho.

[Conforme capítulo 6, parágrafo 9.]

19. Se uma notícia secreta é divulgada por um espião antes da hora certa, ele deve ser morto juntamente com o homem para quem o segredo foi contado.

[Palavra por palavra, a tradução aqui é: "Se questões de espionagem são ouvidas antes que (nossos planos) estejam em movimento" etc. O ponto principal de Sun Tzu nessa passagem é: considerando que você mate o próprio espião "como punição por deixar escapar o segredo", o objetivo de matar o outro homem é tão somente, como Ch'en Hao afirma, "calar sua boca" e evitar que a notícia seja contada para outros. Se ela já tiver sido repetida para terceiros, esse objetivo não seria alcançado. De qualquer jeito, Sun Tzu se expõe para a acusação de desumanidade, apesar de Tu Mu tentar defendê-lo dizendo que o homem merece ser morto, porque o espião certamente não teria contado o segredo a não ser que o outro tivesse insistido bastante para arrancar a informação.]

20. Seja o objetivo esmagar um exército, invadir uma cidade ou assassinar alguém, é sempre necessário começar descobrindo os nomes dos frequentadores, os auxiliares do acampamento

[Literalmente "visitantes"; equivale, como Tu Yu diz, a "aqueles cuja função é manter o general abastecido de informações", o que naturalmente requer encontros frequentes com ele.]

e porteiros e sentinelas do general em comando. Nossos espiões devem ser pagos para descobri-los.

[Como primeiro passo, sem dúvida quanto a encontrar quem dentre esses importantes funcionários pode ser subornado.]

21. Os espiões inimigos que vieram nos espionar devem ser localizados, tentados com subornos, levados e confortavelmente hospedados. Assim tornar-se-ão espiões convertidos e dispostos a nos servir.

22. É por meio das informações trazidas pelo espião convertido que somos capazes de adquirir e empregar espiões locais e internos.

[Tu Yu diz: "Por meio da conversão de espiões inimigos, descobrimos a condição do inimigo". E Chang Yu diz: "Devemos tentar o espião convertido a nos servir, porque é ele que sabe quais dos habitantes locais são gananciosos e quais dos oficiais estão propensos à corrupção".]

23. É por essa informação, novamente, que podemos fazer com que o espião condenado carregue notícias falsas ao inimigo.

[Chang Yu diz: "porque o espião convertido sabe como o inimigo pode ser enganado".]

24. Por último, é por sua informação que o espião sobrevivente pode ser usado em ocasiões específicas.

25. O fim e o objetivo da espionagem em todas as cinco variações são o conhecimento do inimigo; e esse conhe-

cimento só pode ser obtido, em primeira instância, do espião convertido.

[Como explicado nos parágrafos 22-24. Ele não só traz informações ele mesmo, mas também torna possível usar os outros tipos de espião de forma vantajosa.]

Por isso é essencial que o espião convertido seja tratado com a maior generosidade.

26. No passado, a ascensão da dinastia Yin

[Sun Tzu quer dizer dinastia Shang, fundada em 1766 a.C. Seu nome foi mudado para Yin por P'an Keng em 1401.]

ocorreu em virtude do I Chih,

[Mais conhecido como I Yin, o famoso general e estatista que tomou parte na campanha de Ch'eng T'ang contra Chieh Kuei.]

que serviu sob a dinastia Hsia. De igual forma, a ascensão da dinastia Chou deveu-se a Lu Ya,

[Lu Shang subiu até alto oficial sob comando do tirano Chou Hsin, a quem ele, no fim das contas, ajudou a depor. Popularmente conhecido como T'ai Kung, um título concedido a ele por Wen Wang, dizem que escreveu um tratado sobre guerra, erroneamente identificado como o *Liu T'ao*.]

que serviu sob a dinastia Yin.

[Existe menos precisão no chinês do que achei por bem introduzir em minha tradução, e os comentários na passagem não são explícitos de forma nenhuma. Mas, tendo em consideração o contexto, mal podemos duvidar que Sun Tzu está ostentando I Chih e Lu Ya como ilustres exemplos do espião convertido, ou algo análogo. Sua sugestão é que as dinastias Hsia e Yin estavam incomodadas pelo conhecimento íntimo de suas fraquezas e deficiências que esses ex-ministros foram capazes de dividir com o outro lado. Mei Yao-ch'en parece ressentir qualquer difamação do tipo a esses nomes históricos: "I Yin e Lu Ya", ele diz, "não eram rebeldes contra o governo. Hsia não podia empregar o primeiro, portanto, Yin o empregou. Yin não podia empregar o último, então, Hou o empregou. Suas grandes realizações foram todas para o bem do povo". Ho Shih também se mostra indignado: "Como poderiam dois homens divinamente inspirados, como I e Lu, terem agido como espiões comuns? A menção deles por Sun Tzu significa simplesmente que o uso apropriado das quatro classes de espiões é uma questão que requer homens do mais alto calibre mental como I e Lu, cuja sabedoria e capacidade os qualificam para a tarefa. As palavras mencionadas anteriormente enfatizam esse ponto". Ho Shih acredita então que os dois heróis são mencionados por causa de suas supostas habilidades no uso de espiões, mas isso não se sustenta.]

27. Por isso, apenas o soberano esclarecido e o general sábio usarão a inteligência superior do exército para o propósito da espionagem, e assim conseguirão grandes resultados.

[Tu Mu fecha com uma nota de aviso: "Assim como a água, que carrega um barco de margem a margem, pode também ser o motivo de ele afundar, então a dependência de espiões, embora produza grandes resultados, muitas vezes é a causa da destruição total".]

Espiões são o elemento mais importante na guerra, porque deles depende a habilidade de um exército se mover.

[Chia Lin diz que um exército sem espiões é como um homem sem orelhas ou olhos.]

Livros para mudar o mundo. O seu mundo.

Para conhecer os nossos próximos lançamentos e títulos disponíveis, acesse:

Para mais informações ou dúvidas sobre a obra entre em contato conosco através do e-mail: